Todos los libros de Linkgua Ediciones cuentan con modelos de Inteligencia Artificial entrenados por hispanistas. Pregúntale al chat de tu libro lo que desees acerca de la obra o su autor/a.

Para **ebooks**: Accede a nuestro modelo de IA a través de este enlace.

Para **libros impresos**: Escanea el código QR de la portada con tu dispositivo móvil.

Obtén análisis detallados de nuestros libros, resúmenes, respuestas a tus preguntas y accede a nuestras ediciones críticas generativas para una experiencia de lectura más enriquecedora.
La transparencia y el respeto hacia la autoría de las fuentes utilizadas son distintivos básicos de nuestro proyecto. Por ello, las respuestas ofrecen, mediante un sistema de citas, las fuentes con las que han sido elaboradas.

Emilia Pardo Bazán

Cuentos dramáticos

Barcelona 2024
Linkgua-ediciones.com

Créditos

Título original: Cuentos dramáticos.

© 2024, Red ediciones S.L.

e-mail: info@linkgua.com

Diseño de cubierta: Michel Mallard.

ISBN rústica ilustrada: 978-84-9953-819-8.
ISBN tapa dura: 978-84-1126-366-5.
ISBN ebook: 978-84-9007-774-0.

Cualquier forma de reproducción, distribución, comunicación pública o transformación de esta obra solo puede ser realizada con la autorización de sus titulares, salvo excepción prevista por la ley. Diríjase a CEDRO (Centro Español de Derechos Reprográficos, www.cedro.org) si necesita fotocopiar, escanear o hacer copias digitales de algún fragmento de esta obra.

Sumario

Créditos	4
Brevísima presentación	9
La vida	9
En tranvía	11
Adriana	19
Vitorio	25
«Las desnudas»	33
Semilla heroica	39
Justiciero	45
Elección	51
«La Chucha»	57
El vino del mar	65
Fuego a bordo	71
La paz	89
Suerte macabra	95
El guardapelo	101

La ventana cerrada	107
Infidelidad	113
De vieja raza	119
Benito de Palermo	125
Ley natural	131
El comadrón	137
El voto de Rosiña	143
Vivo retrato	149
El décimo	155
La puñalada	159
En el Santo	165
Santos Bueno	169
Sustitución	173
La «Compaña»	179
La dentadura	183
Inspiración	189
Oscuramente	195
El ahogado	201

El molino	207
Aventura	215
El oficio de difuntos	221
«Juan Trigo»	227
El camafeo	233
Voz de la sangre	239
Libros a la carta	245

Brevísima presentación

La vida

Emilia Pardo Bazán (1851-1921). España. Nació el 16 de septiembre en A Coruña. Hija de los condes de Pardo Bazán, título que heredó en 1890. En su adolescencia escribió algunos versos y los publicó en el *Almanaque de Soto Freire*.

En 1868 contrajo matrimonio con José Quiroga, vivió en Madrid y viajó por Francia, Italia, Suiza, Inglaterra y Austria; sus experiencias e impresiones quedaron reflejadas en libros como *Al pie de la torre Eiffel* (1889), *Por Francia y por Alemania* (1889) o *Por la Europa católica* (1905).

En 1876 Emilia editó su primer libro, *Estudio crítico de Feijoo*, y una colección de poemas, *Jaime*, con motivo del nacimiento de su primer hijo. *Pascual López*, su primera novela, se publicó en 1879 y en 1881 apareció *Viaje de novios*, la primera novela naturalista española. Entre 1831 y 1893 editó la revista *Nuevo Teatro Crítico* y en 1896 conoció a Émile Zola, Alphonse Daudet y los hermanos Goncourt. Además tuvo una importante actividad política como consejera de Instrucción Pública y activista feminista.

Desde 1916 hasta su muerte el 12 de mayo de 1921, fue profesora de Literaturas románicas en la Universidad de Madrid.

En tranvía

Los últimos fríos del invierno ceden el paso a la estación primaveral, y algo de fluido germinador flota en la atmósfera y sube al purísimo azul del firmamento. La gente, volviendo de misa o del matinal correteo por las calles, asalta en la Puerta del Sol el tranvía del barrio de Salamanca. Llevan las señoras sencillos trajes de mañana; la blonda de la mantilla envuelve en su penumbra el brillo de las pupilas negras; arrollado a la muñeca, el rosario; en la mano enguantada, ocultando el puño del encas, un haz de lilas o un cucurucho de dulces, pendiente por una cintita del dedo meñique. Algunas van acompañadas de sus niños: ¡y qué niños tan elegantes, tan bonitos, tan bien tratados! Dan ganas de comérselos a besos; entran impulsos invencibles de juguetear, enredando los dedos en la ondeante y pesada guedeja rubia que les cuelga por las espaldas.

En primer término, casi frente a mí, descuella un «bebé» de pocos meses. No se ve en él, aparte de la carita regordeta y las rosadas manos, sino encajes, tiras bordadas de ojetes, lazos de cinta, blanco todo, y dos bolas envueltas en lana blanca también, bolas impacientes y danzarinas que son los piececillos. Se empina sobre ellos, pega brincos de gozo, y cuando un caballero cuarentón que va a su lado —probablemente el papá— le hace una carantoña o le enciende un fósforo, el mamón se ríe con toda su boca de viejo, babosa y desdentada, irradiando luz del cielo en sus ojos puros. Más allá, una niña como de nueve años se arrellana en postura desdeñosa e indolente, cruzando las piernas, luciendo la fina canilla cubierta con la estirada media de seda negra y columpiando el pie calzado con zapato inglés de charol. La futura mujer hermosa tiene ya su dosis de coquetería; sabe que la miran y la admiran, y se deja mirar y admirar con oculta e íntima complacencia, haciendo un mohín equivalente a «Ya sé que os gusto; ya sé que me contempláis». Su cabellera, apenas ondeada, limpia, igual, frondosa, magnífica, la envuelve y la rodea de un halo de oro, flotando bajo el sombrero ancho de fieltro, nubado por la gran pluma gris. Apretado contra el pecho lleva envoltorio de papel de seda, probablemente algún juguete fino para el hermano menor, alguna sorpresa para la mamá, algún lazo o moño que la impulsó a adquirir su tempranera presunción. Más allá de este capullo cerrado va otro que se entreabre ya, la hermana tal vez, linda criatura como de veinte años, tipo afinado de morena madrileña, sencillamente vestida, tocada con una capotita casi invisible, que realza su perfil delicado y serio. No lejos de ella, una matrona arrogante, recién empolvada de arroz, baja los ojos y se reconcentra como para soñar o recordar.

Con semejante tripulación, el plebeyo tranvía reluce orgullosamente al Sol, ni más ni menos que si fuese landó forrado de rasolís, arrastrado por un tronco inglés legítimo. Sus vidrios parecen diáfanos; sus botones de metal deslumbran; sus mulas trotan briosas y gallardas; el conductor arrea con voz animosa, y el cobrador pide los billetes atento y solícito, ofreciendo en ademán cortés el pedacillo de papel blanco o rosa. En vez del olor chotuno que suelen exhalar los cargamentos de obreros allá en las líneas del Pacífico y del Hipódromo, vagan por la atmósfera del tranvía emanaciones de flores, vaho de cuerpos limpios y brisas del iris de la ropa blanca. Si al hacerse el pago cae al suelo una moneda, al buscarla se entrevén piececitos chicos, tacones Luis XV, encajes de enaguas y tobillos menudos. A medida que el coche avanza por la calle de Alcalá arriba, el Sol irradia más e infunde mayor alborozo el bullicio dominguero, el gentío que hierve en las aceras, el rápido cruzar de los coches, la claridad del día y la templanza del aire. ¡Ah, qué alegre el domingo madrileño, qué aristocrático el tranvía a aquella hora en que por todas las casas del barrio se oye el choque de platos, nuncio del almuerzo, y los fruteros de cristal del comedor solo aguardan la escogida fruta o el apetitoso dulce que la dueña en persona eligió en casa de Martinho o de Prast!

Una sola mancha noté en la composición del tranvía. Es cierto que era negrísima y feísima, aunque acaso lo pareciese más en virtud del contraste. Una mujer del pueblo se acurrucaba en una esquina, agasajando entre sus brazos a una criatura. No cabía precisar la edad de la mujer; lo mismo podría frisar en los treinta y tantos que en los cincuenta y pico. Flaca como una espina, su mantón pardusco, tan traído como llevado, marcaba la exigüidad de sus miembros: diríase que iba colgado en una percha. El mantón de la mujer del pueblo de Madrid tiene fisonomía, es elocuente y delator: si no hay prenda que mejor realce las airosas formas, que mejor acentúe el provocativo meneo de cadera de la arrebatada chula, tampoco la hay que más revele la sórdida miseria, el cansado desaliento de una vida aperreada y angustiosa, el encogimiento del hambre, el supremo indiferentismo del dolor, la absoluta carencia de pretensiones de la mujer a quien marchitó la adversidad y que ha renunciado por completo, no solo a la esperanza de agradar, sino al prestigio del sexo.

Sospeché que aquella mujer del mantón ceniza, pobre de solemnidad sin duda alguna, padecía amarguras más crueles aún que la miseria. La miseria a secas la acepta con feliz resignación el pueblo español, hasta poco hace ajeno a reivindicaciones socialistas. Pobreza es el sino del pobre y a nada conduce protestar. Lo que vi escrito sobre aquella faz, más que pálida, lívida; en aquella boca sumida por los cantos, donde la risa parecía no haber jugado nunca; en aquellos ojos de párpados encarnizados y sanguinolentos, abrasados ya y sin llanto refrigerante, era cosa más terrible, más excepcional que la miseria: era la desesperación.

El niño dormía. Comparado con el pelaje de la mujer, el de la criatura era flamante y decoroso. Sus medias de lana no tenían desgarrones; sus zapatos bastos, pero fuertes, se hallaban en un buen estado de conservación; su chaqueta gorda sin duda le preservaba bien del frío, y lo que se veía de su cara, un cachetito sofocado por el sueño, parecía limpio y lucio. Una boina colorada le cubría la pelona. Dormía tranquilamente; ni se le sentía la respiración. La mujer, de tiempo en tiempo y como por instinto, apretaba contra sí al chico, palpándole suavemente con su mano descarnada, denegrida y temblorosa.

El cobrador se acercó librillo en mano, revolviendo en la cartera la calderilla. La mujer se estremeció como si despertase de un sueño, y registrando en su bolsillo, sacó, después de exploraciones muy largas, una moneda de cobre.

—¿Adónde?

—Al final.

—Son quince céntimos desde la Puerta del Sol, señora —advirtió el cobrador, entre regañón y compadecido—, y aquí me da usted diez.

—¡Diez!... —repitió vagamente la mujer, como si pensase en otra cosa—. Diez...

—Diez, sí; un perro grande... ¿No lo está usted viendo?

—Pero no tengo más —replicó la mujer con dulzura e indiferencia.

—Pues quince hay que pagar —advirtió el cobrador con alguna severidad, sin resolverse a gruñir demasiado, porque la compasión se lo vedaba.

A todo esto, la gente del tranvía comenzaba a enterarse del episodio, y una señora buscaba ya su portamonedas para enjugar aquel insignificante déficit.

—No tengo más —repetía la mujer porfiadamente, sin irritarse ni afligirse.

Aun antes de que la señora alargase el perro chico, el cobrador volvió la espalda encogiéndose de hombros, como quien dice: «De estos casos se ven algunos.» De repente, cuando menos se lo esperaba nadie, la mujer, sin soltar a su hijo y echando llamas por los ojos, se incorporó, y con acento furioso exclamó, dirigiéndose a los circunstantes:

—¡Mi marido se me ha ido con otra!

Este frunció el ceño, aquél reprimió la risa; al pronto creímos que se había vuelto loca la infeliz para gritar tan desaforadamente y decir semejante incongruencia; pero ella ni siquiera advirtió el movimiento de extrañeza del auditorio.

—Se me ha ido con otra —repitió entre el silencio y la curiosidad general—. Una ladronaza pintá y rebocá, como una paré. Con ella se ha ido. Y a ella le da cuanto gana, y a mí me hartó de palos. En la cabeza me dio un palo. La tengo rota. Lo peor, que se ha ido. No sé dónde está. ¡Ya van dos meses que no sé!

Dicho esto, cayó en su rincón desplomada, ajustándose maquinalmente el pañuelo de algodón que llevaba atado bajo la barbilla. Temblaba como si un huracán interior la sacudiese, y de sus sanguinolentos ojos caían por las demacradas mejillas dos ardientes y chicas lágrimas. Su lengua articulaba por lo bajo palabras confusas, el resto de la queja, los detalles crueles del drama doméstico. Oí al señor cuarentón que encendía fósforos para entretener al mamoncillo, murmurar al oído de la dama que iba a su lado.

—La desdichada esa... Comprendo al marido. Parece un trapo viejo. ¡Con esa jeta y ese ojo de perdiz que tiene!

La dama tiró suavemente de la manga al cobrador, y le entregó algo. El cobrador se acercó a la mujer y le puso en las manos la dádiva.

—Tome usted... Aquella señora le regala una peseta.

El contagio obró instantáneamente. La tripulación entera del tranvía se sintió acometida del ansia de dar. Salieron a relucir portamonedas, carteras y saquitos. La colecta fue tan repentina como relativamente abundante.

Fuese porque el acento desesperado de la mujer había ablandado y estremecido todos los corazones, fuese porque es más difícil abrir la voluntad a soltar la primera peseta que a tirar el último duro, todo el mundo quiso correrse, y hasta la desdeñosa chiquilla de la gran melena rubia, comprendiendo tal vez, en medio de su inocencia, que allí había un gran dolor que consolar, hizo un gesto monísimo, lleno de seriedad y de elegancia, y dijo a la hermanita mayor: «María, algo para la pobre.» Lo raro fue que la mujer ni manifestó contento ni gratitud por aquel maná que le caía encima. Su pena se contaba, sin duda, en el número de las que no alivia el rocío de plata. Guardó, sí, el dinero que el cobrador le puso en las manos, y con un movimiento de cabeza indicó que se enteraba de la limosna; nada más. No era desdén, no era soberbia, no era incapacidad moral de reconocer el beneficio: era absorción en un dolor más grande, en una idea fija que la mujer seguía al través del espacio, con mirada visionaria y el cuerpo en epiléptica trepidación.

Así y todo, su actitud hizo que se calmase inmediatamente la emoción compasiva. El que da limosna es casi siempre un egoistón de marca, que se perece por el golpe de varilla transformador de lágrimas en regocijo. La desesperación absoluta le desorienta, y hasta llega a mortificarle en su amor propio, a título de declaración de independencia que se permite el desgraciado. Diríase que aquellas gentes del tranvía se avergonzaban unas miajas de su piadoso arranque al advertir que después de una lluvia de pesetas y dobles pesetas, entre las cuales relucía un duro nuevecito, del nene, la mujer no se reanimaba poco ni mucho, ni les hacía pizca de caso. Claro está que este pensamiento no es de los que se comunican en voz alta, y, por lo tanto, nadie se lo dijo a nadie; todos se lo guardaron para sí y fingieron indiferencia aparentando una distracción de buen género y hablando de cosas que ninguna relación tenían con lo ocurrido. «No te arrimes, que me estropeas las lilas.» «¡Qué gran día hace!» «¡Ay!, la una ya; cómo estará tío Julio con sus prisas para el almuerzo...» Charlando así, encubrían el hallarse avergonzados, no de la buena acción, sino del error o chasco sentimental que se le había sugerido.

* * *

Poco a poco fue descargándose el tranvía. En la bocacalle de Goya soltó ya mucha gente. Salían con rapidez, como quien suelta un peso y termina una situación embarazosa, y evitando mirar a la mujer inmóvil en su rincón, siempre trémula, que dejaba marchar a sus momentáneos bienhechores, sin decirles siquiera: «Dios se lo pague.» ¿Notaría que el coche iba quedándose desierto? No pude menos de llamarle la atención:

—¿Adónde va usted? Mire que nos acercamos al término del trayecto. No se distraiga y vaya a pasar de su casa.

Tampoco me contestó; pero con una cabezada fatigosa me dijo claramente: «¡Quia! Si voy mucho más lejos... Sabe Dios, desde el cocherón, lo que andaré a pie todavía.»

El diablo (que también se mezcla a veces en estos asuntos compasivos) me tentó a probar si las palabras aventajarían a las monedas en calmar algún tanto la ulceración de aquella alma en carne viva.

—Tenga ánimo, mujer —le dije enérgicamente—. Si su marido es un mal hombre, usted por eso no se abata. Lleva usted un niño en brazos...; para él debe usted trabajar y vivir.

Por esa criatura debe usted intentar lo que no intentaría por sí misma. Mañana el chico aprenderá un oficio y la servirá a usted de amparo. Las madres no tienen derecho a entregarse a la desesperación, mientras sus hijos viven.

De esta vez la mujer salió de su estupor; volvióse y clavó en mí sus ojos irritados y secos, de horrible párpado ensangrentado y colgante. Su mirada fija removía el alma. El niño, entre tanto, se había despertado y estirado los bracitos, bostezando perezosamente. Y la mujer, agarrando a la criatura, la levantó en vilo y me la presentó. La luz del Sol alumbraba de lleno su cara y sus pupilas, abiertas de par en par. Abiertas, pero blancas, cuajadas, inmóviles. El hijo de la abandonada era ciego.

El Imparcial, 24 febrero 1890.

Adriana

Dejé caer el periódico, exclamando con sorpresa dolorosa:

—Pero ¡esa pobre Adriana! Morirse así, del corazón, casi de repente... ¡Nadie estaba enterado que padeciese tal enfermedad!

—Yo sí lo sabía —declaró el vizconde de Tresmes—, y aún sabía más: sabía cuándo y cómo adquirió el padecimiento, y es cosa curiosa.

—Entérenos usted —suplicamos todos.

Y el vizconde, que rabiaba siempre por enterar, nos contó la historia siguiente:

—Adriana Carvajal, casada con Pedro Gomara, vivía dichosísima. Los esposos reunían cuanto se requiere para disfrutar la felicidad posible en el mundo: juventud y amor, salud y dinero, que son la salsa o condimento de los Primeros platos, sin él desabridos, amargos a veces. Faltábales, sin embargo, un heredero, un niño en quien mirarse; pero la suerte no había de mostrarse avara en esto, y les envió, por fin, el rapaz más lindo que pudo soñar la fantasía de una madre, apasionada y loca ya desde antes de la maternidad, como era Adriana. Al nacer el chico (a quien pusieron por nombre Ventura, en señal de la que les prometía su nacimiento), Adriana estuvo en grave peligro, y el doctor declaró que no volvería a tener sucesión. El delirio con que marido y mujer amaban a su Venturita fue causa de que oyesen complacidos el vaticinio del doctor. ¡Un solo hijo, y todo para él! ¡Adriana libre ya por siempre de riesgos y trabajos! Tanto mejor..., y a vivir y a cuidar del retoño.

Este se crió hermoso y lozano como una rosa. Yo, que no soy nada aficionado a los chicos —advirtió sonriendo en vizconde de Tresmes—, confieso que aquél me hacía muchísima gracia. Aparte de su lindeza (parecía uno de los angelitos que pintaba Murillo, morenos y de pelo oscuro), tenía un no sé qué simpático, una mezcla de inocencia y picardía, una risa tan fresca, unas acciones tan imprevistas y tan originales, una precocidad (pero no de esas precocidades empalagosas de chiquillo sabio y serio, que me revientan, sino la precocidad de un diablillo con un ingenio celestial), que, vamos, no había más remedio que llevarle juguetes y dulces, por el gusto de sentarle un rato sobre las rodillas.

De la chifladura de sus padres sería inútil hablar, porque ustedes la adivinan. Estaban chochitos; no conocían otro Dios que el tal muñeco. Adriana no se había apartado un instante de su cuna, vigilando a la nodriza, arrebatándole el pequeño así que acababa de mamar, vistiéndole, desnudándole, bañándole y guardándole el sueño... Y así que empezó a interesarse por el mundo exterior, a extender las manitas y a pedir «tochas», les faltó tiempo para darle cuanto deseaba y mil objetos más, que ni se le ocurrían ni podían ocurrírsele. La hermosa casa antigua con jardín que habitaban los Gomara se llenó de cachivaches. ¡Y bichos! El arca de Noé. Los caballos de cartón andaban mezclados con los pájaros vivos; sobre un ferrocarril mecánico veríais un pulcro galguito de carne y hueso; el coche tirado por carneros era abandonado por una gran caja de soldados autómatas, que hacían el ejercicio... Crea usted que derrochaban dinero en semejantes chucherías, y yo le dije alguna vez a Adriana, porque tenía confianza con ella:

—Hija, estáis malcriando a este pequeñín...

—Déjele que se divierta ahora —me contestaba—; demasiado rabiará algún día... ¡Ojalá pueda ofrecerle siempre lo que le haga dichoso!

El repertorio de los juguetes y sorpresas se agota pronto, y no sabía ya Adriana qué nueva emoción dar a Ventura, cuando el cocinero de la casa, que había andado embarcado diez años y conservaba amigotes en todas las regiones del planeta, se descolgó un día regalando al chico un mono. Soy poco inteligente en *Historia natural*, y no me pidan ustedes que clasifique la alimaña; solo les diré que ni era de esos monazos indecorosos y feroces que nadie se atreve a tener en las casas, como el orangután, ni tampoco de esos títíes engurruminados y frioleros que se pasan la vida tiritando entre algodón en rama. Más bien era grande que pequeño; tenía el pelaje gris verdoso y el hocico de un rojo mate, como el de hierro oxidado; se veía que estaba en la juventud y rebosando fuerza, y aunque goloso y travieso como toda la gente de su casta, no era maligno. Inteligente e imitador en grado sumo, no podía hacerse delante de él cosa que no parodiase, y su agilidad y presteza nos divertían muchísimo; era cosa de risa verle fingir que fregaba platos o que rallaba pan en la cocina, y saltar sobre el lomo de los caballos para ayudar al lacayo en sus faenas de limpieza.

A pesar de la índole relativamente benigna del mono, su inquietud y su vivacidad obligaban a tenerle preso en una caseta con fuerte cadenilla, porque ya dos veces se había escapado a corretear por árboles y chimeneas; cuando se le soltaba había que vigilarle, y a Venturita, que acababa de cumplir los tres años y que idolatraba en el mono, era preciso guardarle también para que no desatase la cadenilla, pues lo hacía con habilidad singular.

Una tarde que había yo almorzado en casa de Gomara y estábamos tomando el té en un cenador del jardín —me acuerdo como si fuera ahora mismo, porque hay cosas que impresionan, aunque uno no quiera—, vimos cruzar como un rayo al mono; tan como un rayo, que más bien lo adivinamos que lo vimos. «¡Adiós, ya se ha escapado ese maldito de cocer!», dijo Pedro Gomara, levantándose; y Adriana, con sobresalto instintivo, lo primero que exclamó fue: «¿Dónde estará Ventura?» «Ese le habrá soltado, de fijo», respondió

Pedro, que frunció el entrecejo ligeramente. En el mismo instante resonó un agudo chillido de mujer, un chillido que revelaba tal espanto, que nos heló la sangre; y voces de hombres, las voces de los criados que nos servían, y que corrían hacia el cenador, clamando con angustia: «Señorito, señorito», nos obligaron a precipitarnos fuera. Adriana nos siguió sin decir palabra; un grupo formado por los sirvientes y la desesperada niñera nos rodeó, señalando hacia el tejado de la casa; y allí, al borde de la última hilera de tejas, sentado en el conducto de cinc, que recogía aguas de lluvias, estaba el mono con el niño en brazos.

El padre, con ademanes de loco, iba a precipitarse al zaguán para subir a las bohardillas y salir al tejado; yo pedía una escalera para intentar el desatino de subir por ella a la formidable altura de tres pisos, cuando Adriana, muy pálida (¡qué palidez la suya, Dios!) y con los ojos fuera de las órbitas, nos contuvo, murmurando en voz sorda y cavernosa, una voz que sonaba como si pasase al través de trapos húmedos:

—Por la Virgen..., quietos..., todos quietos..., no se mueva nadie... Y silencio..., no chillar..., no chillar...; hagan como yo... Quietos...; si le asustamos, le tira.

Sentimos instantáneamente que tenía razón la madre y quedamos lo mismo que estatuas. Era el mayor absurdo que intentásemos luchar en agilidad y en vigor, sobre un tejado, con un mono. Antes que nos acercásemos estaría al otro extremo del tejado, y el niño, estrellado en el pavimento.

Era preciso jugar aquella horrible partida: aguardar a que el mono, por su libre voluntad, se bajase con el niño. Yo miraba a Adriana; su palidez, por instantes, se convertía en un color azulado; pero no pestañeaba. El mono nos hacía gestos y muecas estrafalarias, apretando y zarandeando a su presa, y de improviso se oyó distintamente el llanto de la criatura, llanto amarguísimo, de terror; sin duda acababa de sentir que estaba en peligro, aunque no lo pudiese comprender claramente. La madre tembló con todo su cuerpo, y el padre, inclinándose hacia mí, sollozó estas palabras:

—Tresmes, usted, que es buen tirador... Una bala en la cabeza... Voy por la carabina.

Idea insensata, delirante, porque aun siendo yo un Guillermo Tell, al matar al mono haríamos caer al niño; pero no tuve tiempo de negarme; intervino Adriana con un «no» tan enérgico, que su marido se mordió los puños... Y la madre, terriblemente serena, añadió enseguida:

—Si le miramos, nunca bajará... Hay que retirarse... Hay que esconderse; que no nos vea.

Nos recogimos al cenador, desgarramos la pared de enredaderas, y desde allí, como se pudo, espiamos al enemigo. ¿Les estremece a ustedes la situación? ¡Pues estremézcanse más! Duró veinte minutos. Sí; los conté por mi reloj. En esos veinte minutos, el mono depositó al niño en el tejado, le acarició como había visto hacer a la niñera, le obligó a pasear cogido de la mano, le aupó sobre la chimenea y le llevó a cuestas, a caballito (un sainete, que en otra ocasión nos haría desternillarnos). Durante esos veinte minutos, Pedro anhelaba; a Adriana no se le oía ni respirar. Por fin, el mono miró hacia abajo, hizo varios visajes y, recogiendo a Ventura, se descolgó rápidamente con su carga, lo mismo que un funámbulo sin cuerda, al jardín... Entonces salimos con explosión todos, todos, menos la madre, que había caído redonda, y el animal, asustado, soltó al chico ileso y se refugió en su caseta.

Aquella tarde Adriana sufrió dos sangrías, que no sacaron más que gotas negras, y desde entonces padeció del corazón. Parecía que se había repuesto mucho en estos últimos años; pero, ¡bah!, la herida era mortal y ella no lo ignoraba...

—¿Y qué fue del mono? —preguntamos como chiquillos.

—Tuve yo que pegarle el tiro... ¡Si viesen ustedes que me daba lástima! —repuso el vizconde.
El Imparcial, 12 octubre 1896.

Vitorio

—Sí, señores míos —dijo el viejo marqués, sorbiendo fina pulgarada de «cucarachero», golpeando con las yemas de los dedos la cajita de concha, lo mismo que si la acariciase—. Yo fui, no solo amigo, sino defensor y encubridor de un capitán de gavilla. ¿No lo creen ustedes? ¡Histórico, histórico! A mi ladrón le ahorcaron en Lugo, y consta en autos.

Lo que se ignoró siempre (los jueces, en ese punto, no consiguieron hacer ni tanto así de luz) es el verdadero nombre que llevaba el ladrón, allá en sus mocedades, antes de dedicarse a tan infamante oficio, cuando se educaba conmigo en el Colegio de Nobles de Monforte. Desde que se metió a capitán de forajidos le conocieron por Vitorio; así le llamaremos. ¡Líbreme Dios de echar baldón sobre una familia antigua e ilustre y deshacer lo que el pobrecillo llevó a cabo con el valor que ustedes verán, si me atienden.

Les aseguro que en el Colegio de Nobles no tuve compañero que me pareciese más simpático. De carácter vivo y vehemente, de inteligencia clara y feliz memoria, estudiaba con suma facilidad; los maestros estaban encantados de él. Al mismo tiempo, travesura que en el colegio se ejecutase, era sabido: ¿quién la discurrió? Vitorio. No sé qué maña se daba, que siempre era cabeza de motín, y todos nos poníamos a sus órdenes, reconociendo su iniciativa y su autoridad. Era en sus resoluciones tenacísimo y violento, pero pundonoroso hasta dejárselo de sobra, y si alguien me dice entonces que Vitorio pararía en ladrón, creo que al tal le deshago yo la cara a bofetones.

Como siempre fui enclenque y enfermizo, Vitorio me había tomado bajo su protección, y más de una vez escarmentó a los colegiales que me jugaban pasaditas. Esto, y el ascendiente que ejercía por su manera de ser, hicieron que yo fuese consagrando a Vitorio apasionada adhesión.

Un día recibió Vitorio cartas de su casa, y con ellas la amarguísima noticia de que su padre, que era viudo, se disponía a contraer segundas nupcias.

El paroxismo de ira del muchacho, que adoraba en el recuerdo de su madre, fue tremebundo; espumaba de rabia, se retorcía, se quería romper la cabeza contra la pared del dormitorio. Le consolé lo mejor que pude, y cuando ya le creía aplacado, he aquí que se levanta de noche y me propone que nos descolguemos por la ventana, atando las sábanas unas a otras, y que, andando diez leguas, lleguemos a tiempo de impedir la boda de su padre. La fascinación de Vitorio era tal, que al pronto consentí en el absurdo proyecto, y si invencibles dificultades materiales no nos lo estorbasen, creo que lo realizamos.

Poco tardé en salir del colegio, y en bastantes años nada supe de Vitorio. Estudié Derecho en Compostela, me casé, enviudé, y, teniendo que arreglar cuestiones de intereses, me establecí en mi casa de aldea de los Adrales, situada entre Monforte y Lugo, en país montuoso.

Hablábase mucho, en las veladas junto al fuego, de la gavilla que recorría aquellas inmediaciones, y de la original conducta de su jefe. Contábase que tenía prohibido matar y atormentar, a menos que le hiciesen resistencia; que jamás despojaba por completo una casa, sino que siempre cuidaba de dejar algún dinero a los robados, para que no careciesen de todo en los primeros instantes; que algunas veces sus robos llenaban el fin de reparar antojos de la suerte, pues daba al pobre lo del rico, al segundón lo del mayorazgo, al seminarista lo del racionero y al arrendatario lo del señor. Añadían que era galante con las damas, y que éstas, aunque robadas, no le querían mal, ni mucho menos. En resumen: la clásica silueta del «bandido generoso», y si de Vitorio no hubiese más que decir, se podía ahorrar el relato o sustituirlo por historias muy análogas, verbigracia, la de José María.

Aun cuando yo, por precisión, guardaba en casa dinero (entonces no era tan fácil como hoy ponerlo a buen recaudo), y aunque no alardeo de valiente, ello es que las noticias referentes a la gavilla me alarmaron poco, y seguí cenando siempre con las ventanas abiertas —era muy calurosa la estación— y quedándome entretenido en leer hasta que me entraba sueño, sin pensar en cerrarlas. Una noche, estando bien descuidado, cátate que, lo mismo que una bala, cae a mis pies un hombre, pálido, demacrado, con la ropa hecha trizas, y sin que yo tuviera tiempo a nada, exclama, cogiéndome de un hombro, en tono lastimero:

—¡Sálvame, Jerónimo! Soy fulano..., tu compañero, tu antiguo amigo. Me persiguen, mi vida está en tus manos.

Le hice señas de que no temiese; corrí a trancar la ventana con barra doble; cerré también las puertas, y tendí los brazos a Vitorio, porque ya le había reconocido. Aunque desfigurado y muy variado por la edad, reconstruí aquella cabeza hermosa, morena, de facciones tan delicadas y de tan viril expresión. No sin gran sorpresa mía, Vitorio se resistió a abrazarme, y murmuró fatigosamente:

—Dame algo...: hace tres días que no pruebo alimento.

Le serví de la cena que aún estaba allí sin recoger, y así que reparó sus fuerzas, me dijo:

—No me abraces, Jerónimo. Soy el capitán de gavilla de quien tanto habrás oído, y por milagro no estoy en poder de los que quieren ahorcarme. Si me conservas algún cariño, ocúltame y déjame dormir, si no, échame; pero no digas a nadie cómo y dónde me conociste...

Existía en los Adrales un precioso escondrijo antiguo, una especie de desván practicado bajo otro desván, oculto por un segundo tabique, y con salida a una escalerilla recatada en el hueco de la pared, y que moría al pie del bosque. Allí metí a Vitorio, y aunque la fuerza que le perseguía rodeó mi casa, y aunque se la dejé registrar sin oponer reparo, no encontraron al fugitivo, ni era posible, a no estar en el secreto, que solo sabíamos el mayordomo y yo. Conjurado el peligro, no quise que se alejase Vitorio hasta que descansó bien, se lavó, se afeitó, se vistió con ropa mía y tuvo en el cinto dos ricas pistolas inglesas y en la bolsa oro. No le pregunté palabra, no le dirigí observaciones ni le di consejos, y esta delicadeza fue, sin duda, la que le movió a decirme poco antes de marchar:

—Jerónimo, ¿te acuerdas de la boda de mi padre y de aquel disparate que queríamos hacer en el colegio? Pues de no hacerlo vino mi perdición. Cuando llegué a mi casa encontré dueña de ella a una madrastra que obligaba a mi hermana a que la sirviese, y que hasta la pegaba delante de mí, ¡delante de mí! Tú me has conocido... Recordarás mi carácter... ¡Asómbrate! Yo, al pronto, supe reprimirme, y hablé a mi padre como un hombre habla a otro hombre. Le dije que quería llevarme a mi hermana, y que solo le pedía algún auxilio en dinero para que ella no se muriese de hambre. Me contestó con desprecio, con enojo, y me ordenó que respetase a mi madrastra. Entonces, fuera de mí, le dije que mi madrastra no merecía respeto, y que se lo demostraría antes de un año. Y así fue, Jerónimo: a los pocos meses mi madrastra y yo... ¿Entiendes? ¡Me lo propuse y lo conseguí..., lo conseguí...! ¡Por «aquello», y no por «lo de ahora», merezco que me cojan y me ahorquen...! En fin: lo cierto es que mi padre no pudo dudar de su afrenta, y me echó de casa, maldiciéndome, apaleándome y prohibiéndome que usase su nombre jamás. El resto ya lo sabes... Adiós, voy a reunirme con mi gente, que andará esparcida por la montaña.

Desapareció y supe que la gavilla se había retirado de aquellos contornos, metiéndose sierra adentro, por sitios casi inaccesibles. Dos años después del imprevisto lance, se habló mucho de un robo cometido por Vitorio en casa de un señor canónigo de Lugo. Consistía la originalidad en que el robo lo había realizado Vitorio solo, en una ciudad y a las doce del día. Hallábanse juntos el buen canónigo y cierto clérigo de misa y olla, jugando al tute, por más señas, cuando vieron entrar a un caballero apersonado y galán que los saludo muy cortésmente.

—Soy Vitorio —dijo—; pero no se asusten ustedes, que no traigo ánimo de hacerles ningún mal. Entendámonos como se entiende la gente de buena educación; vengo por los cinco mil duros en onzas de oro que el señor canónigo guarda ahí, debajo de esa arquilla; con levantar un ladrillo numerado, aparecerá el escondrijo.

—¡Cinco mil duros! —gritó el canónigo, más muerto que vivo—. Pero, señor de Vitorio, ¡si jamás he poseído esa suma!

Y el clérigo, oficiosamente, exclamaba:

—¡Ea!, señor canónigo, no haya más; dé usted al señor de Vitorio esos cuartos, siquiera por la gracia y la amabilidad con que los pide.

—Déselos usted, si los tiene, y no disponga de caudales ajenos —replicaba, afligido, el canónigo.

Y Vitorio, siempre afable, añadía:

—Bien dice el señor canónigo; este cura, mientras le aconseja a usted que se desprenda de tan gruesa suma, se está escondiendo en la pretina una tabaquera de plata, como si Vitorio fuese algún ratero que cogiese porquerías semejantes. Pero, señor canónigo, yo sé que los cinco mil duros ahí están; yo me veo en un grave apuro (que si no, no molestaría a persona tan respetable como usted). Buen ánimo; si puedo, he de restituírselos.

Y con gallardo ademán entreabrió su abrigo, viéndose relucir la culata de unas pistolas (quizás las mías). El trémulo canónigo y el abochornado clérigo alzaron el ladrillo y entregaron a Vitorio los talegones. El forajido se inclinó, hizo mil cortesías, y los hombres, que con un grito hubieran podido perderle, se quedaron más de diez minutos sin habla, mientras él, tranquilamente, bajaba las escaleras.

Sin embargo, el clérigo, que era sañudo y rencoroso, la tuvo guardada, como suele decirse. Un día de feria, saliendo de la catedral, creyó reconocer a Vitorio en un aldeano que llevaba a vender una pareja de bueyes, y le siguió con cautela. Notó que el aldeano tenía las manos blancas y finas, y corrió a delatarle. Hizo rodear la taberna donde había observado que entraba, y así cogieron en la ratonera al célebre capitán, a quien ya sin esperanzas de alcanzarle perseguían por montes y breñas.

La causa de Vitorio tardó mucho en fallarse. Se susurraba que, por ser de muy esclarecida y calificada familia, no se atrevían los jueces a mandarle ahorcar, y que si revelaba su verdadero nombre se le dejaría evadirse o le indultaría la Reina. Yo me encontraba entonces lejos de mi país, y las noticias en aquel tiempo no volaban como ahora. Por casualidad llegué a Lugo el mismo día en que pusieron en capilla a Vitorio. Corrí a verle, afectadísimo. Habíanme asegurado que la noche anterior una dama muy tapada, penetrando en la prisión, habló largo tiempo con Vitorio, y sospechando amoríos, compromisos, lazos que quedaban en el mundo, pregunté a mi antiguo compañero si tenía algo que encargarme para alguna mujer.

—No —respondió, sonriendo con calma—; no tengo a nadie que me llore. La señora que estuvo a verme ocultando el rostro es mi hermana, a quien he prometido solemnemente dejarme ahorcar sin que me arranquen mi nombre de familia. Y este es el único favor que te pido, Jerónimo: ¡que nadie, nadie sepa nunca!... No he de deshonrar a mi padre dos veces.

En efecto, Vitorio murió callando; el clérigo de la tabaquera de plata acudió a presenciar cómo perneaba en la horca; pero el señor canónigo, que no podía olvidar los finos modales con que le habían quitado sus cinco mil duros aplicó muchas misas por el alma del infeliz.

El Imparcial, 15 enero 1894.

«Las desnudas»

Una tarde gris, en el campo, mientras las primeras hojas que arranca el vendaval de otoño caían blandamente a nuestros pies, recuerdo que, predispuestos a la melancolía y a la meditación por este espectáculo, hablamos de la fatalidad, y hubo quien defendió el irresistible influjo de las circunstancias y de fuerzas externas sobre el alma humana, y nos comparó a nosotros, depositarios de un destello de la Divinidad, con la piedra que, impelida por leyes mecánicas, va derecha al abismo. Pero Lucio Sagris, el constante abogado de la espiritualidad y del libre albedrío, protestó, y después de lucirse con una disertación brillante, anunció que, para demostrar lo absurdo de las teorías fatalistas, iba a referirnos una historia muy negra, por la cual veríamos que, bajo la influencia de un mismo terrible suceso, cada espíritu conserva su espontaneidad y escoge, mediante su iniciativa propia, el camino, bueno o malo, que en esto precisamente estriba la libertad. —Pertenece mi historia —añadió— a un cruento período de nuestras luchas civiles, después de la Revolución de 1868; y evoca la siniestra figura de uno de esos hombres en quienes la inevitable crueldad y fiereza del guerrillero se exaspera al sentir en derredor la hostilidad y la enemiga de un país donde todos le aborrecen: hablo del contraguerrillero, tipo digno de estudio, que mueve a piedad y a horror. Mientras el guerrillero, bien acogido en pueblos y aldeas, encontraba raciones para su partida y confidencias para huir de la tropa o sorprenderla, descuidada, el contraguerrillero, recibido como un perro, solo por el terror conseguía imponerse: siempre le acechaban la traición y la delación; siempre oía en la sombra el resuello del odio. En guerras tales, el país está de parte de los guerrilleros; o, por mejor decir, las guerrillas son el país alzado en armas, y el contraguerrillero es el Judas contra el cual todo parece lícito, y hasta loable.

Ahora, pues, el contraguerrillero de mi historia —supongamos que se llamaba el Manco de Alzaur— había conseguido realizar el triste ideal de esta clase de héroes; al oír su nombre, persignábanse las mujeres y rompían a llorar los chicos. Interpelado el Gobierno en pleno Parlamento acerca de algunas atrocidades de aquel tigre, protestó de que eran falsas, y que, si fuesen verdad, recibirían condigno castigo; pero realmente, las instrucciones secretas dadas al general encargado de pacificar el territorio en que funcionaba la contraguerrilla del Manco, encerraban la cláusula de dejarle a su gusto, y cuanto más, mejor. Sin embargo, el general, a quien repugnaban y estremecían ciertos actos de barbarie, y que además tenía hijas y era padre tiernísimo, solía encargar mucho al contraguerrillero que, al menos, no se oprimiese violentamente a las mujeres; y el Manco se comprometió a ello, jurando que si alguno de su partida incurría en tal delito, le cortaría inmediatamente las dos orejas. Los contraguerrilleros, que conocían las malas pulgas de su jefe, se guardaban bien de contravenir a lo mandado.

Si en alguna ocasión lamentó el Manco haber empeñado su formidable palabra al general, fue el día en que, evacuado por las fuerzas de Radico y Ollo el pueblo de Urdazpi, penetró la contraguerrilla en este foco del carlismo. Es de saber que el párroco de Urdazpi se encontraba desde hacía año y medio al frente de una partidilla, tan escasa en número como resuelta y hazañosa, y más de diez veces había puesto la ceniza en la frente al Manco yéndole a los alcances, batiéndole, cogiéndole prisioneros y dispersando a su gente, con harto corrimiento y rabia del contraguerrillero. El odio al cura de Urdazpi era ya como un frenesí en el Manco, y en Urdazpi vivían cinco lindas y honestas muchachas, carlistas y devotas, sobrinas del párroco faccioso, hijas de su única hermana, fusilada por los liberales en la anterior guerra. Cuando trajeron ante el Manco, amarillas cual la muerte y tan sobrecogidas que ni podían llorar a las cinco infelices, se alzó un tumulto en el alma feroz del contraguerrillero; la promesa al general combatía los ímpetus salvajes de un corazón sediento de venganza, la venganza inicua de ensañarse en la familia de su enemigo, y devolvérsela vilipendiada y manchada, como se devuelve un trapo que ha limpiado el suelo de la cámara donde se celebra orgía impura. Meditó un instante, frunciendo las hirsutas cejas bajo las cuales encandecían dos ojos de brasa; de pronto, una sonrisa feroz dilató su boca; había encontrado el medio de no faltar a su palabra, y al mismo tiempo de mancillar al cura en la persona de sus sobrinas. Dio en vascuence una orden terminante, y poco después las cinco doncellas, enteramente despojadas de sus ropas, eran paseadas y empujadas al través de las calles del pueblo, entre rechifla, denuestos, golpes y groseros equívocos de los inhumanos que las rodeaban, ebrios de vino y de sangre. El Manco había anunciado que sería reo de pena capital cualquiera de sus contraguerrilleros que no se limitase a mofarse de la desnudez de aquellas desdichadas vírgenes, las cuales, estúpidas de vergüenza, intentando velarse el rostro con el pelo, echándose por tierra para que el fango de las calles las sirviese de vestido, pedían con llanto entrecortado y desgarrador que les devolviesen su ropa y las fusilasen pronto; y al verlas como estatuas de dolorido e injuriado mármol, el Manco en persona, o satisfecho o ablandado ya, escupió a los desnudos y mórbidos hombros de la más joven, y dijo con bestial risa: «Ahora ya pueden volverse a su madriguera estas carcundas».

Considerar el estado de ánimo de las sobrinas del cura después del afrentoso suplicio, es como si nos asomásemos a un abismo de desesperación. Nótese que eran mujeres de intachable conducta, de grave recato, de profunda religiosidad, más bien exaltada; que las respetaban en el pueblo por honradas y las celebraban por hermosas; que a pesar de su fe no tenían vocación monástica, y entre los mozos incorporados a la partida del cura, más de uno rondaba sus ventanas y pensaba en bodas a la conclusión de la guerra. Pero después del horrible atropello del Manco, para las sobrinas del párroco de Urdazpi se había cerrado el horizonte, se habían acabado las perspectivas de la vida y del mundo. La gente, al hablar de ellas, solo las llamaban Las desnudadas, y este apodo infamante era como inmensa mancha extendida sobre su piel, quemada por tantos impuros ojos. Abrumadas bajo la carga de la desventura, permanecían recluidas en casa, sin asomarse a la ventana siquiera sin salir ni a la iglesia; ¡la iglesia, que es el refugio de todos los dolores! Como si estuviesen contaminadas de lepra, como a los lazrados que la Edad Media aislaba, les traía una amiga, movida a compasión, lo necesario para su sustento, y se lo dejaba en el portal, en un cesto, diariamente, pues ni aun de ella consentían ser vistas y habladas. Así vivieron un año...

—Pues por ahora —dijimos a Lucio Sagri, interrumpiéndole—, su historia de usted demuestra que, sometidas a unas mismas circunstancias, las cinco sobrinas del cura de Urdazpi adoptaron un género de vida absolutamente idéntico.

—¡Aguarden, aguarden! —clamó Lucio—. No se ha concluido el episodio. Al año, la consabida amiga avisó para el entierro de una de las sobrinas, la menor. Aquélla a cuyos cándidos hombros desnudos había escupido el Manco. Enferma de tristeza desde el día de su desgracia, había ocultado su padecimiento por no ver al médico, o más bien porque el médico no la viese. Y la primera salida de la Desnudada fue con los pies para adelante, camino del cementerio. Pocos días después dejó la casa otra Desnudada, la mayor. Hizo su viaje de noche, con la cara envuelta en tupido velo, y apareció en Vitoria, en la casa matriz de las religiosas de una Orden que tiene por misión asistir a los enfermos y amparar a los niños abandonados.

Quedaban solamente en Urdazpi tres de las sobrinas del cura; pero de allí a medio año escapáronse juntas dos de ellas, y se incorporaron a la partida, que por entonces recorría las cercanías en triunfo. Una de las muchachas tuvo ocasión de pelear como un hombre, con denuedo rabioso, contra las tropas liberales hasta que una bala le atravesó el fémur y pereció desangrada. En cuanto a la otra...

—¿Murió también? —preguntamos.

—Peor que si muriese —contestó melancólicamente el narrador—. No sé qué será de ella; rodará por Bilbao; es lo probable. Esa no supo comprender que por mucho que desnuden el cuerpo, el pudor y decoro solo se pierden cuando se desnuda el alma.

—¿Y la quinta sobrina del cura de Urdazpi?

—¡Ah! Esa vive hoy al lado de su tío, que se acogió a indulto al terminar la guerra civil. Humilde y resignada, ya madura, atendiendo a sus labores domésticas y a sus devociones, no parece recordar que en algún tiempo quiso vivir apartada de sus semejantes... Y en el pueblo la respetan, ¡vaya si la respetan! A pesar de que no puede olvidarse la espantosa acción del Manco, nadie se atrevería a llamarla Desnudada en alta voz.

Blanco y Negro, núm. 304, 1897.

Semilla heroica

—Si la santidad de la causa es la que hace al mártir, lo mismo podremos decir del héroe —declaró Méndez Relosa, el joven médico que desde un rincón de provincia empezaba a conquistar fama envidiable—. Solo es héroe el que se inmola a algo grande y noble. Por eso aquel pobre arrapiezo, a quien asistí y que tanto me conmovió, no merece el nombre de héroe. A lo sumo, fue una semilla que, plantada en buena tierra, germinaría y produciría heroísmo...

—Con todo —objeté— si respecto al mártir las enseñanzas de la Iglesia nos sacan de dudas, sobre el héroe cabe discutir. El concepto del heroísmo varía en cada época y en cada pueblo. Acciones fueron heroicas para los antiguos, que hoy llamaríamos estúpidas y bárbaras. Hasta que los ingleses lo prohibieron, en la India se creía —y se creerá aún, es lo probable— que constituye un rasgo sublime, edificante, gratísimo al Cielo, el que una mujer se achicharre viva sobre el cadáver de su marido

—No niego —declaró Méndez— que la gente llama heroísmo a lo que realiza su ideal, y que el ideal de unos puede ser hasta abominable para otros. El embrión de héroe cuya sencilla historia contaré estuvo al diapasón de ciertos sentimientos arraigados en nuestra raza. Lo que le causó esa efervescencia que hace despreciar la muerte, fue «algo» que embriaga siempre al pueblo español. Lo único que revela que el ideal a que aludo es un ideal inferior, por decirlo así, es que para sus héroes, aclamados y adorados en vida, no hay posterioridad; no se les elevan monumentos, no se ensalza su memoria...

Las plazas de toros —continuó después de una breve pausa— han cundido tanto en el período de reacción que siguió a la Revolución de septiembre, que hasta nuestra buena ciudad de H*** se permitió el lujo de construir la suya, a la malicia, de madera, pero vistosa. Cuando se anunció que el célebre Moñitos, con su cuadrilla, estrenaría la plaza durante las fiestas de nuestra patrona la Virgen del Mar, despertóse en H***, más que entusiasmo, delirio. No se habló de otra cosa desde un mes antes; y al llegar la gente torera, nos dio, no me exceptuó, por jalearla, obsequiarla, convidarla y traerla en palmitas desde la mañana hasta la noche. Les abrimos cuenta en el café, les abrumamos a cigarros y les inundamos de jerez y manzanillas. Nos cautivaba su trazo franco y gravemente afable, aunque tosco; nos hacía gracia su ingenuidad infantil, su calma moruna, aquel fatalismo que les permitía arrostrar el peligro impávidos, y, en suma, aquel estilo plebeyo, pero castizo, de grato sabor nacional. En poco días cobramos afición a unos hombres tan desprendidos y caritativos, valientes hasta la temeridad y nunca fanfarrones, creyendo descubrir en ellos cualidades que atraían y justificaban la simpatía con que en todas partes son acogidos.

Yo me aficioné especialmente a un mocito como de quince años, pálido desmedrado, nervioso, que atendía por el alias de Cominiyo. Venía la criatura con los toreros en calidad de monosabio, y era la perla de su oficio; un chulapillo vivo y ágil como un tití, que parecía volar. Desde la primera de las cuatro corridas de aquella temporada en H***, Cominiyo llamó la atención y se ganó una especie de popularidad por su arrojo, su agilidad de tigre, sus gestos cómicos y su oportunidad en acudir a donde hacía falta. La parte que representaba Cominiyo en el drama desarrollado en el redondel era bien insignificante; pero él se ingeniaba para realzar un papel tan secundario, y cuando de los tendidos brotaban frases de elogio para el rapaz, sus macilentas mejillas se iluminaban con pasajero rubor de orgullo, y sus ojos negros ricamente guarnecidos de sedosas pestañas, irradiaban triunfal lumbre.

Cominiyo me había confiado sus secretas ambiciones. Como el poeta de buhardilla sueña la coronación en el Capitolio; como el recluta sueña los tres entorchados; como el oscuro escribiente la poltrona, Cominiyo soñaba ser picador. En vez de ir a las ancas del caballo, quería ir delante, luciendo la fastuosa chaquetilla de doradas hombreras, el ancho sombrerón de fieltro, los calzones de ante, el rígido atavío de esos hombres curtidos y recios, de piel de badana, en que no hacen mella los batacazos. Pero ¿cuándo lograría Cominiyo ascender tan alto? Probablemente así que hubiese demostrado de una manera indudable su gran corazón; así que hiciere «una hombrá». Y dispuesto estaba a hacerla a cualquier hora, y más que dispuesto deseoso, que el valor pide ocasión y tiempo.

En la cuarta corrida presentóse la ocasión tan anhelada y por cierto que con trágico aparato. El tercer toro, hermoso bicho, de gran poder, dio un juego tal desde que salió a la plaza, que llegó a causar cierto pánico: como aquél pocos. Después de destripar por los aires a dos caballos, la emprendió con el que montaba el picador Bayeta, y en un santiamén dejó al jinete aplastado bajo la cabalgadura, en la cual se ensañó y cebó furioso. Crítica era la situación del picador. El peso del jaco le asfixiaba, y si se rebullese, con él la emprendería el toro. En vano la cuadrilla, a capotazos, quería engañar y distraer a la fiera, y Bayeta, ahogándose, asomada la cabeza por detrás del espinazo del jaco moribundo. Ya el toro se lanzaba hacia la nueva presa, y ya el picador se veía recogido y despedido hasta las nubes, cuando una figurilla menuda apareció firmemente plantada sobre el vientre del tendido caballo, y, retando al toro con temeraria bizarría, le hirió repetidas veces con la mano en el inflamado morro y hasta osó juguetear con los agudos cuernos mientras salvaban al picador. Cominiyo, que realizada la proeza intentaba salir escapado, saltó hacia atrás, resbaló en la viscosa sangre, un charco rojo que el caballo había soltado de los pulmones, y el toro le pilló allí mismo, contra las tablas, y le enganchó y levantó en alto y lo dejó caer inerte.

Corrí a la enfermería y reconocí la herida del muchacho, comprobando una cosa horrible que, a pesar de la impasibilidad profesional, me causó grima. El toro había cogido a Cominiyo por la espalda, en la región lumbar; sin duda la fiera tenía astillado el cuerno, y en la astilla sacó un jirón del hígado, una sangrienta piltrafa. Cominiyo no tenía salvación, y su lucha con la muerte, sostenida por la juventud y la índole de la misma lesión, fue larga y cruel. Ocho días le devoró la fiebre inflamatoria, y como él ignoraba la gravedad de la herida, se agitaba en un frenesí de alegres esperanzas y de ambiciosas aspiraciones. La ovación tributada a su hazaña le tenía borracho de gozo, y me decía entusiasmado, mientras yo trataba de calmar sus dolores, que eran atroces, sobre todo al principio:

—Me he portado como los hombres. Digasté: ¿seré picador?

El día en que le acompañamos al cementerio, yo al ver que le echaban encima la húmeda tierra, pensé mucho sobre el heroísmo. Sería una irrisión plantar laureles en sepultura del rapaz..., y sin embargo, a mí me parecía que de la misma madera del alma de Cominiyo están hechas las almas de algunos que podrían reclamar la sombra del árbol sagrado para su tumba.

Mientras regresábamos comentando la suerte del atrevido monosabio, yo recordaba una copla popular.

Hasta la leña en el monte

tiene su separación;
una sirve para santos;
otra para hacer carbón.

Justiciero

De vuelta del viaje, acababa el Verdello de despachar la cena, regada con abundantes tragos del mejor Avia, cuando llamaron a la puerta de la cocina y se levantó a abrir la vieja, que, al ver a su nieto, soltó un chillido de gozo.

En cambio, Verdello, el padre, se quedó sorprendido, y, arrugando el entrecejo severamente, esperó a que el muchacho se explicase. ¿Cómo se aparecía así, a tales horas de la noche, sin haber avisado, sin más ni más? ¿Cómo abandonaba, y no en víspera de día festivo, su obligación en Auriabella, la tienda de paños y lanería, donde era dependiente, para presentarse en Avia con cara compungida, que no auguraba nada bueno? ¿Qué cara era aquella, rayo? Y el Verdello, hinchado de cólera su cuello de toro, iba a interpelar rudamente al chico, si no se interpone la abuela, besuqueando al recién venido y ofreciéndole un plato de guiso de bacalao con patatas oloroso y todavía caliente.

El muchacho se sentó a la mesa frente a su padre. Engullía de un modo maquinal, conocíase que traía hambre, el desfallecimiento físico de la caminata a pie, en un día frío de enero; al empezar a tragar daba diente con diente, y el castañeteo era más sonoro contra el vidrio del vaso donde el vino rojeaba. El padre picando una tagarnina con la uña de luto, dejaba al rapaz reparar sus fuerzas. Que comiese..., que comiese... Ya llegaría la hora de las preguntas.

No tenía otro hijo varón; una hija ya talluda se había casado allá en Meirelle, ¡lejos! Este chico, Leandro, endeble nació y endeble se crió. Al cabo, fruto de una madre tísica. Para proporcionarles bienestar a la madre y al hijo, el Verdello trajinaba día y noche por anchas carreteras y senderos impracticables, ejercitando con ardor su tráfico de arriería, comprando en las bodegas de los señores cosecheros y revendiendo en figones y tabernas el rico zumo de las vides avienses. Vino que catase y adquiriese el Verdello, vino era, ¡voto al rayo!, y vino de recibo en color y sabor. No necesitaba el arriero, para apreciar la calidad del líquido, beber de él; se desdeñaría de hacer tal cosa. Le bastaba, estando en ayunas, echar dos o tres gotas en la punta de la lengua, esto para el sabor; y para el color, otras tantas en la manga de la camisa, arremangada sobre el fornido brazo. Tal mancha, tal calidad. Y allí quedaban las manchas color de violeta, con armas parlantes de la arriería. El Verdello podía decir, con solo mirar a las manchas, qué bodegas del Avia daban el vino más honradamente moro.

¡Buen oficio el de arriero!¡Buen oficio para el hombre que gasta pelos en el corazón, que de nada se asusta y se lleva en el cinto sus cuatro docenas de onzas, o, ahora que no hay onzas, su fajo de billetes de a cien, y como seguro de las onzas y los billetes, en un bolsillo del chaquetón, el revólver cargado, y en otro, la navaja, amén de la vara de aguijón con puño y a veces la escopeta de tirar a las perdices en tiempo de vacaciones! Porque hay sitios de la carretera que se pueden pasar durmiendo; pero los hay que es poco rezar el Credo, y conviene estar dispuesto a santiguar a tiros a los bromistas. Ya se habían querido divertir con Verdello, y un corte de hoz y dos abolladuras de estacazo tenía en la cabeza; pero llevó que contar el gracioso. Mejor dicho, no lo contó más que una semana.

Y solo un Verdello es capaz de andar siempre atravesando por los caminos, sin parar y aguantando heladas, lluvias y calores. Así es que no quiso que Leandro siguiera el perro oficio. El muchacho estaría mejor a la sombra, bajo tejas, abrigado y comiendo a sus horas. Y así que cumplió los trece años, le colocó en una tienda de Auriabella, una casa muy decente. Al despedirse del chico con efusión de cariño brusco y bárbaro, medio a pescozones, el padre le leyó la cartilla: «Aquí se cumple... Aquí el hombre se porta, y si no, ¡ojo conmigo...! Honradez... Trabajar... Como te descuides en lo menor, ya puedes prepararte, ¡rayo!»

No hubo necesidad de desplegar rigor. El principal de Leandro escribía satisfecho. Era listo el chiquillo, sabía despachar, complacer, y ascendía poco a poco desde la escoba de barrer la tienda y las cabezas de cardo de alzar el pelo a los paños, al libro de contabilidad. Con el tiempo vendría a ser el alma de establecimiento. La mujer del Verdello, devorada por la consunción, murió tranquila respecto al porvenir de su hijo, viéndole ya, en su fantasía tendero acomodado, grueso, tranquilo, de levita los domingos y en el bolsillo del chaleco su buen reloj de oro.

Viudo, sin más compañía que la vieja, el Verdello, aunque robusto y atlético, no pensaba en volver a casarse. Que se casase el rapaz, que ya tenía sus diecinueve años. Alusiones y reticencias del principal habían puesto al padre en sospechas de que Leandro andaba en pasos algo libres. ¡Cosas de la edad! Que no le distrajesen de la obligación..., y lo demás no importa... ¿A qué venía el ceño del patrón, cuando reconocía que el chico no faltaba de su sitio nunca, y ni el mostrador ni la caja quedaban desamparados ni un minuto? ¿Pues acaso él, el propio Verdello, si rodaba por mesones y tugurios de ciudades, no tenía sus desahogos, sin otras consecuencias? ¡Bah! Un hombre es un hombre... y con más motivo un rapaz.

Sin embargo, al verle llegar así, a horas impensadas, cabizbajo, desencajado, el padre sintió allá dentro algo cortante y frío, como el golpe de un puñal. ¿Qué sucedía? ¿Qué embuchado era aquel, demonio? Y la mirada de sus pupilas fieras se clavaban en Leandro, queriendo encontrar otras pupilas que rastreaban por el plato, mientras los blancos dientes seguían castañeteando o de miedo o de frío...

Acabóse la cena y salió la abuela a preparar la cama, a rebuscar un jergón y una manta, proyectando la añadidura de sus refajos colorados, ¡helaba tanto aquella noche!, y solo ya el padre con el hijo, salió disparada la pregunta:

—¿Tú qué hiciste? ¡Rayo! ¿Tú qué hiciste? Sin mentir...

Como el muchacho callase, dando mayores señales de abatimiento, el Verdello pateó, y en un arranque, soltó la bomba.

—¡Tú has robado! ¡Tú has robado!

Con inmensa angustia, con movimiento infantil, Leandro quiso echarse en brazos de su padre; pero este le rechazó de un modo instintivo y violento, lanzándole contra la pared. El muchacho rompió a sollozar, mientras el arriero, entre juramentos y blasfemias, repetía:

—¡Has robado..., cochino! Robaste la caja, robaste a tu principal... ¡Para pintureros vicios! Y ahora lloras... ¡Rayo de Judas! ¡Me...!

Echaba espuma por la boca, braceaba, cerraba los puños... De repente se aquietó. Para quien le conociese, era aquella quietud muy mala señal. Callado, derecho en medio de la cocina, alumbrado por el hediondo quinqué de petróleo y las llamas del hogar, parecía una grosera estatua de barro pintado, con trágicos rasgos en el rostro, donde se traslucían los negros pensares. ¡Tener un ladrón en casa!, Él, el Verdello, había sido toda su vida hombre de bien a carta cabal; su palabra valía oro, sus tratos no necesitaban papel sellado, ni señal siquiera. Palabra dicha, palabra cumplida. En las bodegas y las tabernas ya conocían al Verdello. Traficar y ganar; pero con vergüenza, sin la indecencia de quitar un ochavo a nadie... ¿Quién se fiaría ya del padre de un ladrón? ¡Rayos! Y con desdén glacial, como si escupiese un resto de colilla, arrojó al rostro del muchacho la frase:

—El robar no te viene de casta.

No hubo más respuesta que sollozos, y el padre añadió con la misma frialdad;

—¿Cuánto cogiste? Porque mañana temprano salgo yo a devolverlo.

Alentó algo el culpable, y, tratando de asegurar la voz, murmuró débilmente y entre hipos:

—Ciento noventa y siete pesos y dos reales...

No pestañeó el arriero. Podía pagar. Se quedaba sin economía, pero... ¡Dios delante! Eso, en comparanza de otras cosas. Mientras echaba sus cuentas, con la mano derecha se registraba faja y bolsos sin duda requisando el capital que guardaba allí, fruto de las ventas realizadas en Cebre y en Parmonde... Acabado el registro, se volvió hacia el muchacho, y señaló a la puerta trasera de la cocina:

—¡Anda ahí fuera! ¡Listo!

¿Fuera? ¿A qué? No servía replicar. Leandro obedeció. ¡Que bocanada de hielo al entrar en la corraliza! La noche era de la de órdago: las estrellas competían en brillar en el cielo, la escarcha en el suelo, y el pilón del lavadero se acaramelaba en la superficie. El mastín de guarda ladró al divisar a los dos hombres; pero su fiel memoria afectiva le iluminó al instante, y loco de alegría se arrojó a Leandro, apoyándole en el pecho las patas. Y cuando padre e hijo pasaron el portón de la corraliza, el can echó detrás, meneando todavía la cola, brincando de gozo. Anduvieron por sembrados y maizales cosa de un cuarto de hora, hasta que el Verdello hizo alto al pie de las tapias de un huerto, derruidas ellas y abandonado él. Y, empujando al muchacho, le arrimó al tapial y se colocó enfrente, ya empuñando el revólver.

Leandro se le desvió con un salto rápido de su instinto animal. Comprendía, y su juventud, la savia de los veinte años, protestaba sublevándose. ¡No; morir, no! Quiso correr, huir a campo traviesa. Y aquel temblor de antes, el de los dientes, el de las manos, descendió a sus piernas flacuchas de mozo enviciado en mujerzuelas, y le doblegó y le hizo caer postrado, medio de rodillas, balbuciendo:

—¡Perdón! ¡Perdón!

El padre se acercó; vio a la semiclaridad de los astros dos ojos dilatados por el terror, que imploraban..., e hizo fuego justamente allí, entre los dos ojos, cuya última mirada de súplica se le quedó presente, imborrable. Cayó el cuerpo boca abajo, y el golpe sordo y mate contra la tierra endurecida por la helada sonó extrañamente; el perro exhaló un largo aullido, y el arriero se inclinó; ya no respiraba aquella mala semilla.

El Imparcial, 12 febrero 1900.

Elección

Lentamente iba subiendo la cuesta el carro vacío, de retorno, y sus ruedas producían ese chirrido estridente y prolongado que no carece de un encanto melancólico cuando se oye a lo lejos. Para el labriego, es causa de engreimiento la agria queja del carro; pero esta vez en el corazón de Telme, resonaba con honda tristeza. A cada áspero gemido sangraba una fibra. Tranquilos en su vigor, los bueyes pujaban, venciendo el repecho; la querencia les decía que por allí iban derechos al brazado de hierba, acabado de apañar. Sus hocicos babosos, recalentados por la caminata, se estremecían, aspirando la brisa del anochecer, en que flotaba el delicioso perfume de la pradería.

A la puerta de la casucha esperaba la mujer de Telme, la tía Pilara, seca, negruzca, desfigurada, más que por la maternidad y los años, por las rudas faenas campestres. Ayudó Pilara a su marido a desuncir el carro, y mientras él encendía un cigarrillo, acomodó los bueyes en el establo separado por un tabique del «leito» conyugal. No cruzaron palabra. No era que no se quisieran; al contrario, queríanse bien aquellos dos seres, a su modo: sino que el labriego es lacónico de suyo, y la absoluta comunidad de intereses hace entenderse sin gastar saliva. La actitud de Telme y su gesto decían a Pilara cuanto le importaba saber. El hijo había salido útil, según el reconocimiento..., y por ende ya era «del rey»; era soldado.

Con un nudo en la garganta, con escozor en los párpados, dispuso Pilara la cena, colocando sobre la artesa las dos escudillas de humeante caldo de «pote». Las despacharon, y, ahorrando luz, se acostaron al punto. Oíase el rumiar de los bueyes, moliendo la hierba jugosa, y no se oía a marido y mujer rumiar la pena, atravesada en el gaznate. Dieron vueltas. Suspiró Pilara; Telme gruñó. ¡Vete noramala, sueño de esta noche!

De pronto —aún no pensaban en cantar los gallos— saltó de la celdilla que sirve de cama al campesino mariñán, y encendiendo un «mixto» y la candileja de petróleo, pasó al establo y se dispuso a sacar la yunta. Pilara, sorprendida, medio soñolienta, le siguió. ¿Qué era aquello? ¿Iba a la feria, por fin? Que esperase tan siquiera hasta que ella trajese para los animales otra carga de «herbiña»... Y el labriego, brusco y sombrío, respondió a media habla:

—No es menester... No van con el carro. No llevan más labor que echar una pata delante de otra...

La mujer se quedó como de piedra. No insistió. ¿Para qué? Sobraban explicaciones. Había comprendido. La limitada vida del labriego se compone de hechos de significación indudable. Quien lleva a la feria la yunta sin el carro, va a venderla. A eso iba Telme; a deshacerse de sus hermosos bueyes para librar al mozo.

Pasado el primer instante, como barril de mosto al que le quitan el tapón, se soltó a chorros la aflicción de Pilara. La marcha de los bueyes, para no volver más, era cosa tan dura, que la aldeana sintió un dolor físico en las entrañas; le arrancaban lo mejor de su casa, lo mejor de la parroquia, lo bueno del mundo, ¡En cuatro leguas de «arredor» no había yunta como aquélla, bueyes tan parejos, tan rojos, de un color rojo brillante como el limpio cobre, tan gordos, tan grandes, de tanta ley para el trabajo, y tan mansos y amorosos, que un chiquillo de siete años los lindaba!

Verdad que tampoco se conocía otro rapaz como Andresiño, más garrido, más sano, más hombre... ¡Y también querían arrebatárselo! ¡Nuestra señora nos ayude, San Antonio nos valga! Pilara sollozaba a gritos, arañándose el atezado rostro.

Telme, entre tanto, en la corraliza, pasaba el «adival» por entre las astas de los bueyes, y rezongaba, rechazando a su desconsolada mujer.

—¡Pues o los bueyes o el mozo! Una de dos.

Echó la aldeana los brazos al buey de la izquierda, el Marelo —el más guapo y forzudo, el que lucía una estrellita blanca en el testuz— y a su manera, torpemente y hociqueando, besó los anchos ojos, tibios y pestañudos, de la bestia.

La caricia equivalía a una despedida; la madre, lo mismo que el padre, «escogía» al suyo, al hijo; no querían, enviarlo allá, a las islas del demonio, donde la fiebre y la peste chupan a los hombres y el machete los descuartiza. ¡Asús mío! Pero una cosa es «escoger» a quien cumple que se escoja, y otra no tener ley a la yunta, ¡que para no tenérsela, había que ser de palo! Porque, a más de que aquella yunta le ponía la ceniza en la frente a todas las de la Mariña, se ha de mirar de que Pilar y Telme llevaban años quitándose el mendrugo de la boca para dárselo a los bueyes. La corteza de borona, la encaldada de patatas, calabazo y berza, son alimentos que comparten el labrador y el buey; lo que hace encaldada para el animal, hace caldo para el dueño. Si el buey engorda, es que el labrador se priva, mermando su ración. La vanidad, ese tenacísimo sentimiento humano, que nunca pierde sus derechos, también alienta en los labradores. Toda la parroquia envidiaba la yunta, hasta tal extremo, que Pilara les había colgado de las astas, de suerte que cayese en el remolino central del testuz, un evangelio y dos dientes de ajo encerrados en una bolsa, remedio contra la «envidia», que para el aldeano es una fuerza misteriosa, capaz de maleficiar. Pero, aunque dañina, la envidia es lisonjera. Telme iba por el camino real con sus bueyes, que ni el Papa en su silla. Y ahora..., ni fachenda, ni provecho, ni orgullo, ni labranza;

al agua todo. El carro, perpetuamente inmóvil y en la corraliza; las tierras, sin arar; los lucrativos «carretos» de piedra y arena, para otro... No había remedio. ¡La elección estaba hecha!

Así que se alejó Telmo y dejó de oírse el paso acompasado de la yunta, Pilara secó en el dorso de la áspera mano los últimos lagrimones, y, resignadamente, se puso a disponer lo necesario para la cocedura. Con llorar no se calienta el horno ni se amasa la harina.

La aldeana bregó sin descanso. Mientras partía y disponía la leña y sobaba la masa con las oscuras manos, la congoja iba calmándose. Adiós los bueyes..., pero ya vendría el rapaz. Si buena era la yunta, Andresillo mejor. A forzudo y voluntario, ninguno le ganaba. En un día despabilaba él más obra que en una semana otros. Y ni pinga de vino, ni camorrista, ni amigo de ir de tuna. Ganas tenía de arrendar un lugar y casarse; pero ahora que sus padres se quedaban por él sin la luz de los santos ojos..., ya les ayudaría a juntar para otra pareja. Con lo que tenían guardado en el pico del arca y el jornal de Andrés, en dos o tres años...

No pasaba de mediodía cuando regresó Telme, cabizbajo, solo ya, con las manos vacías, enrollado el «adival» alrededor del cuerpo. Esta vez, Pilara preguntó ansiosa: «¿Cuánto? ¿Cuánto?» Telme tardó en responder. Al cabo, mohíno, al ir a sentarse a comer el pote con unto rancio y la «borona» enmohecida —la «bolla» fresca no había salido aún del horno, ni saldría hasta la tarde—, desató la lengua, entre reniegos, porque ya sabía Telme que lo que bajase de cinco mil y pico era regalar la yunta; y en aquella maldita feria no parece sino que se habían juramentado los compradores para no ofrecer arriba de cuatro mil. Y era pillada y «mala idea», porque tan pronto como se los dejó a un chalán desconocido, con acento andaluz, en cuatro mil y pico, otro de

Breanda le dio ventaja al chalán y se los llevó. Pero ¡tenían que ir al arca...! Y pronto, pronto. Que él pediría emprestada la burra a Gorio de Quintás, y a las tres, Dios mediante, había de estar en Marineda, depositando el dinero a cambio del hijo.

Abrieron el arca como si se hubiesen abierto las venas. Pilara cruzaba las manos, gemía bajito, alzaba al cielo los ojos, se cogía la cabeza, al volver del revés sobre la artesa el calcetín de lana gorda: los ahorriños de tanto tiempo. Estaban en moneda sonante, en metálico; el labriego no quiere guardar papel. Había duros relucientes del nene, otros oxidados, mucha peseta, calderilla roñosa. Aunque sabían al dedillo la cantidad recontaron: sobraba un pico. Telme añudó lo necesario en un pañuelo de algodón azul, por no mezclarlo con lo de la venta, que iba casi todo en billetes de a ciento, oculto a raíz de la carne. Hecho esto, salió en demanda de la pollina.

Pilara aguardó, aguardó hasta las altas horas. No sabía si su hombre dormía aquella noche en Marineda, para volver con el mozo, temprano. Se acostó al fin. A cosa de la una oyó llamar a voces, y conoció la de Telme. La sangre le dio una vuelta. Saltó en camisa, encendió la candileja, abrió: Telme, con la cara color de difunto, estaba delante de ella. ¡Madre mía de las Angustias! ¿Qué pasaba? ¿Y Andresiño?

—¡Calla! —profirió Telme—. No me hables, que pego fuego a la casa, y te parto los lomos y se los parto al mismísimo divino Dios... Ya hemos quedado solos, mujer, sin bueyes y sin hijo. ¡El chalán de la feria... me metió cuatro billetes falsos!

Y el padre, en vez de realizar sus amenazas de partir los lomos a todo el mundo, se dejó caer al suelo y se arrancó el pelo a puñados, llorando como las mujeres.

«La Chucha»

Lo primerito que José San Juan —conocido por el Carpintero— hizo al salir de la penitenciaría de Alcalá, fue presentarse en el despacho del director.

Era José un mocetón de bravía cabeza, con la cara gris mate, color de seis años de encierro, en los cuales solo había visto la luz del Sol dorando los aleros de los tejados. La blusa nueva no se amoldaba a su cuerpo, habituado al chaquetón del presidio; andaba torpemente, y la gorra flamante, que torturaba con las manos, parecía causarle extrañeza, acostumbrado como estaba al antipático birrete.

—Venía a despedirme del señor director —dijo humildemente al entrar.

—Bien, hombre; se agradece la atención —contestó el funcionario—. Ahora, a ser bueno, a ser honrado, a trabajar. Eres de los menos malos; te has visto aquí por un arrebato, por delito de sangre, y solo con que recuerdes estos seis años, procurarás no volver... Que te vaya bien. ¿Quieres algo de mí?

—¡Si usted fuera tan amable, señor director...; si usted quisiera...

Animado por la benévola sonrisa del jefe, soltó su pretensión.

—Deseo ver a una reclusa.

—Es tu «chucha», ¿verdad?... Bueno; la verás.

Y escribió una orden para que dejasen entrar a Pepe el Carpintero, en el locutorio del presidio de mujeres. Bien sabía el director lo que significaban aquellas relaciones entre penados, los galanteos a distancia y sin verse de «chuchos» y «chuchas»; el amor, rey del mundo, que se filtra por todas partes como el Sol, y llega donde éste no llegó nunca, perforando muros, atravesando rejas.

Tenían casi todos los penados en la penitenciaría de mujeres una «galeriana» que por cariño remendaba y lavaba su ropa; una compañera de infortunio, a la cual no habían visto nunca, y cuyas atenciones pagaban con cargo rebosando sentimentalismo ridículo..., pero sincero. Era el sacro amor, introduciéndose en aquel infierno para burlarse de la seriedad de las leyes humanas; la vida y sus efectos floreciendo allí donde el castigo social quiere convertir a los réprobos en cadáveres con apariencia de vida. El presidio, un convento vetusto, y el penal de mujeres, soberbio y flamante, contemplábanse desde cerca, mudos, inmutables; pero un soplo de pasión contenida y ardiente, de primavera amorosa, germinando entre la mugre de la «casa muerta», iba de uno a otro edificio como la caricia fecundadora que por el aire se envían las palmeras de distinto sexo.

Tan grande emoción embargaba a Pepe al dirigirse al locutorio de mujeres, que sus piernas, temblorosas, acortaban el paso..., ¿Cómo sería su «chucha»? ¡Por fin iba a verla! Y pensando en las formas de que la había revestido su imaginación en las noches de insomnio o en los solitarios paseos patio abajo y arriba, todo el pasado revivía de golpe en su memoria. Para comenzar, su entrada en presidio, resultado de tener mal vino y pronta la mano; los primeros meses de sorda excitación, de huraño aislamiento, viendo deslizarse los días como pesadas ondulaciones de un río gris y triste. Después, cuando hizo amigos, extrañáronse de que un muchacho cual él, guapo y terne, que si estaba en trabajo era por ser muy pobre, no tuviera su «chucha», su «chucha» como los demás. Ellos se encargaban del arreglo; escribirían a sus amigas, y no faltaría en la casa de enfrente quien atendiese a tan buen mozo. Un día le dijeron que su «chucha» se llamaba Lucía, más conocida por el apodo de la Pelusa, y Pepe le escribió, encontrando dulce satisfacción en saber que más allá de aquellos muros había alguien que pensaba en él y se interesaba por su vida. Pronto a este goce espiritual se unieron satisfacciones del egoísmo: alababan la limpieza de su ropa blanca y sentían envidia al ver ciertos manjares, obra todo de la Pelusa de la enamorada «chucha», que, invisible como un duende, tenía para él cuidados maternales.

—Pero, camarada, ¡y qué suerte la tuya! —le decían los compañeros de pelotón con mal encubierta envidia.

—Esa Pelusa es de oro —añadía un veterano del presidio, oráculo de la gente joven—. Consérvala, chaval, que mujeres así entras pocas en libra.

—Pero ¿cómo es? —preguntaba Pepe con creciente curiosidad—. ¿Es joven?¿Por qué está presa?

—Algo mayor que tú debe de ser, pues creo que no es ésta la primera vez que visita la casa..., pero ¿qué te importa que sea joven o vieja? Tú déjate querer, que esa es la obligación de los buenos mozos, y cuando salgas en libertad, búscate otra que te atienda lo mismo.

Pepe protestaba. Sentía duplicarse el agradecimiento hacia aquella mujer; las relaciones, que al principio le parecían cosa de risa —buena únicamente para distraer el tedio encierro—, le llegaban muy adentro ya, y la gratitud se volvía atracción, viendo que no pasaba día sin que en el rastrillo le entregasen para él paquetes de tabaco, prendas de ropa o algo de comer que le sostenía fuerte, robusto y sano, librándole del rancho insípido del penal, la peor engañifa para el hambre.

Pocos días dejaban de escribirse. Las primeras cartas respiraban este énfasis amoroso aprendido en los epistolarios populares; pero fueron haciéndose más sinceras, según los dos amantes, por aquel reiterado contacto de alma: iban conociéndose. Hablaban de su situación, de la desgracia en que se veían, en términos vagos, como si les causara rubor decir por qué y de qué modo, y contaban fecha tras fecha el tiempo que les faltaba para cumplir. Él saldría libre un año antes que ella... ¡Con qué tristeza lo repetía la pobre «chucha»! Y José protestaba con entereza de muchacho enérgico, caballeresco a su manera, incapaz de faltar a la palabra. Él esperaría a que saliera ella; se casarían y serían felices; lo decía de corazón, sintiéndose ligado para toda su vida por el reconocimiento a sacrificios que habían endulzado sus amargas horas.

No sabía si aquello era amor; realmente, nunca se había sentido dominado por mujer alguna; no recordaba más que lances fáciles, los encuentros causales de su época obrera; pero a su «chucha»... la quería sin conocerla y juraba no abandonarla jamás. No porque estuviese en presidio era un canalla capaz de olvidar a aquella mujer que pensaba en él a cada momento y trabajaba porque nada le faltase. Consistía su única preocupación en saber algo de la historia o del aspecto de su «chucha». Por desgracia, los mandaderos no la conocían; en la Galera, regida por monjas, no entraba otro hombre sino el director; y con escrupulosa delicadeza, ni él ni ella se atrevían en sus cartas a hablar del pasado ni de sus personas, como temiendo que al entrar luz se rasgara el ambiente del misterio amoroso y se disipase el hechizo. Los últimos días, ¡qué turbación tan intensa!... Pepe hablaba entusiasmado de la próxima salida, y ella contestaba lacónicamente; sus palabras respiraban tristeza, casi se lamentaba de que el hombre amado recobrase la libertad, recelando despertar del ensueño de seis años. Y la misma impaciencia de sus últimos días de escribir dominaba a Pepe cuando entró en el locutorio de las penadas. Después de entregar la orden del director, quedóse solo, hasta que por fin, a través de la tupida reja, oyó suaves pisadas femeniles. Dos monjas se apostaron inmóviles en el fondo de la galería, donde no podían oír las palabras, pero sí seguir con la vista todos los movimientos de la que ocupaba el locutorio; y una galeriana fue aproximándose con paso torpe, cual si le asustase llegar a la reja.

No hizo movimiento alguno. ¡Las monjas no le habían entendido! Aquella mujer no era la que él buscaba; y miró con extrañeza a la reclusa, especie de payaso de la miseria, disfrazado con faldas grises; criatura exigua, demacrada, encogida, los ojos saltones veteados de sangre, de pelo canoso, cerril y escaso, alborotado sobre la frente y asomando entre los labios lívidos una dentadura enorme, amarillenta, de caballo viejo. La mujer aparecía, además, mal pergeñada, sucia, como si enfaenada en la furia del trabajo se hubiese olvidado de sí misma. Se miraron algunos instantes con extrañeza, y acabaron sonriendo, convencidos de la equivocación.

—No; no es usted —dijo Pepe—. Yo busco a la Pelusa. Me acaban de poner en libertad y vengo a conocerla.

La galeriana se hizo atrás con rápido movimiento de mujer cuyo sistema nervioso está en perpetua tensión por el género de vida.

—¿Eres tú..., tú...? ¡Pepe!

Y se lanzó contra los hierros, como si buscase verle mejor, devorarle con los ojos.

Permanecieron silenciosos breves instantes. Ella, pasada la primera impresión, mostró profundo desaliento; sus ojos se llenaban de lágrimas, tributo pagado a la decepción horrible. Él absorbía con la mirada la degradación de aquella ruina, que parecía haber recogido en su persona la vejez y la inmundicia de todo presidio... ¡Dios, cuán fea era! Tragándose el llanto, sofocando su tristeza, la Pelusa fue la primera en romper el silencio, como si deseara terminar cuanto antes aquella escena penosa y difícil.

—¿Vienes a despedirte?... Bien hecho; se estima. Mira: yo, mientras viva, no te olvidaré.

Y bajó la cabeza para no mirarle; dijérase que su presencia le causaba daño, revolviendo el rescoldo de su cariño de la entraña..., condenado a extinguirse.

—No, Lucía; vengo no más a verte. Ni me despido ni me voy... Vengo a decirte... que soy el mismo... y a cumplirte la palabra.

Pepe profirió esto con fuerza, con acometividad, ofendiéndole la sospecha de que aquella entrevista pudiese ser la última. Entonces la «chucha» se atrevió a contemplarle; pero con expresión de tierna lástima, a estilo de madre que agradece dulces mentiras del hijo.

—No quieres darme mal rato... Bien, hombre... Dios te lo pague; pero ya ves como soy: vieja, un susto, y, además, poca salud... ¡Si supieras qué guerra les doy a las pobres hermanas con este corazón que siempre me está doliendo!...

Se detuvo al llegar aquí, cual si se avergonzase. Su cara, de una palidez blanduzca, tono de cera amasada con arcilla, se coloreó, animándose. Hizo un esfuerzo y continuó:

—Estoy aquí por ladrona; no he hecho otra cosa en mi vida sino robar... Y a ti, ¡basta verte!, tienes cara de bueno; habrás venido por alguna desgracia..., vamos, por bronca o cosa parecida. No me engañes, ¿para qué?... No vas a salir con que me quieres, hijo... Mirame bien... ¡Si puedo ser tu madre!

Impresionado por las palabras de la reclusa, Pepe quería discutirlas, y las acogía con furiosos movimientos de cabeza; pero Lucía prosiguió, sin darle tiempo a que protestase:

—Estoy más enferma de lo que parece; después de este trago, ya sé que no salgo de aquí con vida, ¡ay, cómo me duele el perro corazón!... Es que me han engañado; yo creí que eras uno de tantos, un verdadero «chucho», uno del presidio... Y por eso te quise; ¡nada, cosas que se le ponen a una en la cabeza; humo que se le mete allí!... ¡Y estaba yo más atontecida! ¡Ea, hombre!, márchate y no te acuerdes del santo de mi nombre, Dios te dé suerte, cuanta mereces, y que encuentres una mujer según necesitas... Porque tú vales un imperio... ¡Eres mucho mozo, caramba!

Lo murmuraba con el alma entera, pegando su pobre cabeza de caricatura a los hierros, apretando contra ellos sus manos descarnadas, ansiosas de tocar al deseado de sus ensueños, que se presentaba en la realidad, joven, arrogante y con aquel aire de bondad y simpatía...

—No, Pelusa —contestó el mocetón con entereza—. Yo soy muy hombre, y los hombres solo tenemos una palabra. Prometí casarme contigo y esperaré a que salgas. No vengo a despedidas, sino a que me conozcas..., y a decirte hasta luego. ¿Si te creerás que se olvidan seis años de sacrificios, de vestirme y matarme el hambre, mientras tú sabe Dios lo que comerías y como vivirías?... Pues ni que fuera yo un señorito de esos que viven estrujando a las mujeres...

Seguía la Pelusa agarrada a los hierros, y vacilaba lo mismo que si aquellas palabras cayesen con tremenda pesadumbre sobre su cuerpo endeble.

—Pero ¿va de veras? —murmuró, con voz ronca—. ¿Serás capaz de quererme así como soy?... ¿Vas a esperarme todo un año?

—Mira, Pelusa —continuó el muchacho— yo no sé si te quiero como a las otras mujeres. Lo que te digo es que no pienso irme y no me iré... ¿Que no eres guapa, guapa? Conformes. ¿Pero es que en el mundo solo las guapas han de encontrar quien las quiera? No me importa lo que fuiste ni por qué entraste aquí: a mi lado serás otra cosa. Esperaré trabajo, el director, que es bueno, me empleará en las obras de la casa, si es preciso pasaré necesidad, pediré limosna... Lo que te aseguro es que no me largo, y que ahora soy yo, ¡yo!, quien traerá a su «chucha» ropa y comida.

Lucía cerraba los ojos. Parecía que le deslumbraban las fogosas palabras de aquel hombre, y echaba atrás el rostro contraído por grotesca mueca que expresaba asombro y felicidad.

—Tengo aquí clavado el agradecimiento —prosiguió Pepe— y ganas de llorar cuando pienso en lo que has hecho por mí. ¿Dices que podrías ser mi madre? Lo serás si quieres; yo no he conocido a la mía. Sales y viviremos juntos; trabajaré para ti sin pensar más en copas ni en amigos; a mi lado engordarás y te remozarás, ¡y a no acordarse de este sitio! Tu aquí encontraste un hombre de bien, y yo la primera mujer de mi vida.

—¡Dios mío!... ¡Virgen Santísima! ¡Virgen!...

Era la Pelusa, que se desplomaba lentamente, mientras sus manos se cubrían de arañazos al desasirse y deslizarse por el enrejado duro y pinchador.

Cayó como un fardo de harapos, estremeciéndose, balbuciendo entre convulsiones, con vocecilla infantil:

—¡Pepe, Pepe mío!

Las dos monjas, mudos testigos de la entrevista, vieron caer a la Pelusa y corrieron para recoger del suelo aquel montón de infelicidad.

Otras monjas, atraídas por los gritos, comenzaron por expulsar a Pepe del locutorio; a pesar de sus ruegos y exclamaciones, las hermanas no se daban cuenta de lo ocurrido. Si gustaba podía volver otro día, con permiso del director...

Pero ni lo pidió ni tuvo que buscar trabajo. ¿Para qué? Al día siguiente la Pelusa era borrada del registro del penal. El soplo de ventura y de vida que el «chucho» había llevado consigo al locutorio rompió el corazón de la miserable y la hizo libre.

El Liberal, 1 febrero 1900.

El vino del mar

Al reunirse en el embarcadero para estibar el balandro Mascota, los cinco tripulantes salían de la taberna disfrazada de café llamada de «América» y agazapada bajo los soportales de la Marina fronterizos al Espolón; tugurio donde la gentualla del muelle: marineros, boteros, cargadores y «lulos», acostumbra juntarse al anochecer. De cien palabras que se pronuncien en el recinto oscuro, maloliente, que tiene el piso sembrado de gargajos y colillas, y el techo ahumado a redondeles por las lámparas apestosas, cincuenta son blasfemias y juramentos, otras cincuenta suposiciones y conjeturas acerca del tiempo que hará y los vientos reinantes. Sin embargo, no se charla en «América» a proporción de lo que se bebe; la chusma de zuecos puntiagudos, anguarina embreada y gorro catalán es lacónica, y si fueseis a juzgar de su corazón y sus creencias por los palabrones obscenos y sucios que sus bocas escupen, os equivocaríais como si formaseis ideas del profundo Océano por los espumarajos que suelta contra el peñasco.

Acababan de sonar las ocho en el reloj del Instituto cuando acometieron aquellos valientes la faena de la estibadura, entre gruñidos de discordia. Y no era para menos. ¿Pues no se emperraba el terco del patrón en que la carga de bocoyes de vino, si había de ir como siempre en la cala, fuese sobre cubierta? Aquello no lo tragaba un marinero de fundamento como tío Reimundo, alias Finisterre, que había visto tanta mar de Dios. Ahí topa la diferencia entre los que navegaron en mares de verdad, donde hay tiburones y huracanes, y los que toda la vida chapalatearon en una ponchera. ¡Zantellas del podrido rayo! ¿Quería el patrón que el barco se les pusiese por sombrero? ¡Era menester estar loco de la cabeza, corcias! ¡Para más, en noche semejante, con lo falsa que es esa costa de Penalongueira, y habiendo empezado a soplar el Sur, un viento traidor que lleva de la mano el cambiazo al «Nordés»! No se la pegaba al tío Reimundo la calma de la bahía, sobre cuya extensión tersa y plácida prolongaban las mil luces de la ciudad brillantes rieles de oro; al viejo le daba en la nariz el aire «de allá», de mar adentro, la palpitación del oleaje excitado por la mordedura de la brisa. Todo esto, a su manera, broncamente, a media habla, lo dijo Finisterre. El Zopo, otro experto, listo de manos y contrahecho de pies, opinaba lo mismo.

Pero Adrián y el Xurel —mozalbetes que acababan de alegrarse unas miajas con tres copas de caña legítima y sentían duplicados sus bríos— ya estaban rodando los bocoyes para encima de la Mascota. Sabedores de que aquellos toneles encerraban vino, los manejaban con fiebre de alegría codiciosa, calculando la suma de goces que encerraban en sus panzas colosales. ¿A ellos qué les importaban los gruñidos de Finisterre? Donde hay patrón no manda marinero.

Entre gritos furiosos para pujar mejor, el «¡ahiaaá!» y el «¡eieiea!» del esfuerzo, acabóse la estibadura en una hora escasa. Sobre el cielo, antes despejado, se condensaban nubes sombrías, redondas, de feo cariz. Un soplo frío rizaba la placa lisa del agua. Juró Finisterre entre dientes y renegó el patrón de los agoreros miedosos. Mejor si se levantaba viento; ¡así irían con la vela tan ricamente! El balandro no era una pluma, y necesitaba ayuda, ¡carandia! Y ocupó su lugar, empuñando el timón. ¡Ea, hala, rumbo avante!

Como por un lago de aceite marcharon mientras no salieron de la bahía. Según disminuía y se alejaba la concha orlada de resplandor y el rojo farol del Espolón llegaba a parecer un punto imperceptible, y otro la luz verde del puerto, el vientecillo terral insistía, vivaracho, como niño juguetón. Habían izado la cangreja, y la Mascota cortó el oleaje más aprisa, no sin cabecear. Descasaban los remeros, bromeando. Solo Finisterre se ponía fosco. A cada balance de la embarcación le parecía ver desequilibrarse la carga.

Ya transponía la barra, y el alta mar luminosa, agitada por la resaca, se extendía a su alrededor. Para «poncheras» según el despreciativo dicho del tío Reimundo, la ponchera «metía respeto». El patrón, a quien se le iba disipando el humo de la caña, fruncía las cejas, sintiendo amagos de inquietud. Puede que tuviese razón aquel roñicas de Finisterre; la mar, sin saber por qué, no le parecía «mar de gusto»... Tenía cara de zorra, cara de dar un chasco la maldita...

Al vientecillo se le antojó dormirse, y una especie de calma de plomo, siniestra, abrumadora, cayó encima. Fue preciso apretar en los remos porque la vela apenas atiesaba. El balandro gemía, crujía, en el penoso arranque de su marcha lenta. Súbitas rachas, inflando la cangreja un momento, impulsaban la embarcación, dejándola caer después más fatigada, como espíritu que desmaya al perder una esperanza viva. Y cuando ya veían a estribor la costa peligrosa de Penalongueira, que era preciso bordear para llegarse al puertecillo de Dumia y desembarcar el género, se incorporó de golpe Finisterre, soltando un terno feroz. Acababa de percibir, allá a lo lejos ese ruido sordo y fragoroso de la tempestad repentina, del salto del aire que azota de pronto la masa líquida y desata su furor. El patrón, enterado, gritaba ya la orden de arriar la vela. Aquello fue ni visto ni oído.

Enormes olas, empujándose y persiguiéndose como leonas enemigas, jugaban ya con el balandro, llevándolo al abismo o subiéndolo a la cresta espantosa. De cabeza se precipitaba la embarcación, para ascender oblicuamente al punto. El patrón, sintiendo su inmensa responsabilidad, hacía milagros, animando, dirigiendo. ¡La tormenta! ¡Bah! Otras había pasado y salido con bien, gracias a Dios y a Nuestra señora de la Guía, de quien se acordaba mucho entonces, con ofrecimientos de misa y excotos de barquitos, retratos de la Mascota para colgar en el techo del santuario... Verdad; no era el primer temporal que corrían; pero..., no llevaban la carga estibada sobre cubierta, sino en el fondo de la cala, bien apañadita, como Dios manda y se requiere entre la gente del oficio. Y los que había cometido aquella barbaridad supina, ahora, a pesar de las furiosas voces de mando de patrón, perdían los ánimos para remar, como si sintiesen en las atenazadas mejillas el húmedo beso de la muerte... Solo una resolución podía salvarlos. Finisterre la sugirió, mezclando las interjecciones con rudas plegarias. El patrón resistía, pero el cariño a la vida tira mucho, y por unanimidad resolvió largar al agua los malditos bocoyes. ¡Afuera con ellos, antes de que se corriesen a una banda y sucediese lo que se estaba viendo venir! Sin más ceremonias empujaron una de las barricas para lanzarla por encima de la borda...

Los que intentaron la faena solo tuvieron tiempo de retroceder a saltos. La barrica andaba; la barrica se les venía encima ella sola. Y las demás, como rebaño de monstruos panzudos la seguían. Corrían, rodaban locas de vértigo, a hacinarse sobre la banda de babor, y el balandro, hocicando, con la proa recta a la sima, daba espantoso salto, el pinche-carneiro vaticinado por Finisterre, y soltando en las olas toda su carga, barricas y hombres, flotaba quilla arriba, como una cáscara de nuez.

La primera noticia del naufragio se supo en el puertecillo de Ángeles, frontero a la bahía, porque dos bocoyes salieron allí, a la madrugada, y quedaron varados en la playa al retirarse la marea. Corrió el rumor de la presa, y se apiñaron en la orilla más de cien personas —pescadores, aldeanos, carreteros, carabineros, sardineras, mujerucas, chiquillería—. Nadie ignoraba lo que significa la aparición de bocoyes llenos en una playa de la costa. Aún les retumbaba en los oídos el bramar de la tormenta. Pero ahora hacía un Sol hermoso, un día magnífico, «criador». Era domingo; por la tarde bailarían en el castañal; y con la presa, no había de faltar vino para remojar la gorja. ¡Nadie hizo comentarios tristes, sino los pescadores, que, sin embargo, se consolaron pensando en el rico vientre de las barricas...! Solo una vejezuela, que había perdido a su mozo, su hijo, de veinte años, en un lance de mar, escapó de la playa dando alaridos y apostada cerca del carro en el cual fueron llevados los toneles al campo de la romería, chillaba:

—¡No, bebades, no bebades! Ese vino sabe a la sangre de los hombres y al amarguío de la mar.

Le hicieron el mismo caso que los tripulantes del balandro a Finisterre.

El Imparcial, 18 junio 1900».

Fuego a bordo

—Cuando salimos del puerto de Marineda —serían, a todo ser, las diez de la mañana— no corría temporal; solo estaba la mar rizada y de un verde..., vamos, un verde sospechoso. A las once servimos el almuerzo, y fueron muchos pasajeros retirándose a sus camarotes, porque el oleaje, no bien salimos a alta mar, dio en ponerse grueso, y el buque cabeceaba de veras. Algunos del servicio nos reunimos en el comedor, y mientras llegaba la hora de preparar la comida nos divertíamos en tocar el acordeón y hacer bailar al pinche, un negrito muy feo; y nos reíamos como locos, porque el negro, con las cabezadas de la embarcación y sus propios saltos, se daba mil coscorrones contra el tabique. En esto, uno de los muchachos camareros, que les dicen estuarts, se llega a mí:
—Cocinero, dos fundas limpias, que las necesito.
—Pues vaya usted al ropero y cójalas, hombre.
—Allá voy.
Y sin más, entra y enciende un cabo de vela para escoger las fundas.
¡Aquel cabo de vela! Nadie me quitará de la cabeza que el condenado..., ¡Dios me perdone!, el infeliz del camarero, lo dejó encendido, arrimado a los montones de ropa blanca. Como un barco grande requiere tanta blancura, además de las estanterías llenas y atestadas de manteles, sábanas y servilletas, había en el San Gregorio rimeros de paños de cocina, altos así, que llegaban a la cintura de un hombre. Por fuerza, el cabo se quedó pegadito a uno de ellos, o cayó de la mesa, encendido, sobre la ropa. En fin: era nuestra suerte, que estaba así preparada.
Yo no sé qué cosa me daba a mí el cuerpo ya cuando salimos de Marineda. Siempre que embarco estoy ocho días antes alegre como unas castañuelas, y hasta parece que me

pide el cuerpo algo de broma con los amigos y la familia. Pues de esta vez..., tan cierto como que nos hemos de morir..., tenía yo el viaje atravesado en el gaznate, y ni reía ni apenas hablaba. La víspera del embarque le dije a mi esposa:
—Mujer, mañana tempranito me aplancharás una camisola, que quiero ir limpio a bordo.

Por la mañana entró con la camisola, y le dije:
—Mujer, tráeme el pequeño que mama.

Vino el chiquillo y le di un beso, y mandé que me lo quitasen pronto de allí, porque las entrañas me dolían y el corazón se me subía a la garganta. También la víspera fui a casa del segundo oficial, el señorito de Armero, y estaba la familia a la mesa; y la madre, que es así, una señora muy franca, no ofendiendo lo presente, me dijo:
—Tome usted esta yema, Salgado.
—Mil gracias, señora; no tengo voluntad.
—Pues lléveles éstas a los niños... ¿Y qué le pasa a usted, que está qué sé yo cómo?
—Pasar, nada.
—¿Y qué le parece el viaje, Salgado?
—Señor, la mar está bella, y no hay queja del tiempo.
—No, pues usted no las tiene todas consigo. Le noto algo en la cara.

Para aquel viaje había yo comprado todos los chismes del oficio; por cierto que en la compra se me fue lo último que me quedaba: setenta duretes. Los chismes eran preciosos: cuchillos de lo mejor, moldes superiores, herramientas muy finas de picar y adornar; porque en el barco, ya se sabe: le dan a uno buena batería de cocina, grandes cazos y sartenes, carbón cuanto pida, y víveres a patadas; pero ciertas monaditas de repostería y de capricho, si no se lleva con qué hacerlas... Y como yo tengo este pundonor de que me gusta sobresalir en mi arte y que nadie me pueda enseñar un plato... Por cierto que esta vanidad fue mi perdición cuando sostuve restaurante abierto. Me daba vergüenza que estuviese desairado el escaparate, sin una buena polla en galantina, o solomillo mechado, o jamón en dulce, o chuletas bien panadas y con su papillotito de papel en el hueso... Y los parroquianos no acudían; y los platos se morían de viejos allí; y cuando empezaban a oler, nos los comíamos por recurso; mis chiquillos andaban mantenidos con trufas y jamón, y el bolsillo se desangraba... Si no levanto el restaurante, no sé qué sería de mí; de manera que encontrar colocación en el barco y admitirla fue todo uno. Pensaba yo para mi chaleco: «Ánimo, Salgado; de veintiocho duros que te ofrecen al mes, mal será que no puedas enviarle doce o quince a la familia. No es la primera vez que te embarcas; vámonos a Manila; ¿quién sabe si allí te ajustas en alguna fonda y te dan mil o mil quinientos reales mensuales, y eres un señor?». Lo dicho: la suerte, que arregla a su modo nuestros pasos... Estaba de Dios que yo había de perder mis chismes, y pasar lo que pasé, y volver a Marineda desnudo.

¿En qué íbamos? Sí, ya me acuerdo. Faltaría hora y media para la comida, cuando me pareció que por la puerta del ropero salía humo. El que primero lo notó no se atrevía a decirlo: nos mirábamos unos a otros, y nadie rompía a gritar. Por fin, casi a un tiempo, chillamos:

—¡Fuego! ¡Fuego a bordo!

Mire usted, no cabe duda: lo peor, en esos momentos en que se suceden cosas horrorosas, es aturdirse y perder la sangre fría. Si cuando corrió el aviso se pudiese dominar el pánico y mantener el orden; si media docena de hombres serenos tomasen la dirección, imponiéndose, y aislasen el fuego en las tripas del barco, estoy seguro de que el siniestro se evitaba. Yo, que todo lo presencié, que no perdí detalle, puedo jurar que no entiendo cómo en un minuto se esparció la noticia, y ya no se vieron sino gentes que corrían de aquí para allí, locas de miedo. Para mayor desdicha empezaba a anochecer, y la mar cada vez más gruesa y el temporal cada vez más recio aumentaba el susto. Aquello se convirtió en una Babel, donde nadie se entendía ni obedecía a las voces de mando.

El capitán, que en paz descanse, era un mallorquín de pelo en pecho, valentón, y no tiene que dar cuenta a Dios de nada, pues el pobrecillo hizo cuanto estuvo en su mano; pero le atendían bien poco. Acaso debió levantar la tapa de los sesos a alguno para que los demás aprendiesen; bueno, no lo hizo; él fue el primero a pagarlo, ¡cómo ha de ser! Nos metimos él y yo por el corredor de popa, con objeto de ver qué importancia tenía el incendio; y apenas abrimos la puerta de hierro, nos salió al paso tal columna de humo y tal cortina de llamas, que apenas tuvimos tiempo a retroceder, cerrar y apoyarnos, chamuscados a medio asfixiar, en la pared. Yo le grité al capitán:

—Don Raimundo, mire que se deben cerrar también las puertas de hierro a la parte de proa.

Él daría la orden a cualquiera de los que andaban por allí atortolados; puede que al tercero de abordo; no sé; lo cierto es que no se cumplió, y en no cumplirse estuvo la mitad de la desgracia. Nosotros, a toda prisa, nos dedicamos a refrescar con chorros de agua las puertas de hierro, para que el horno espantoso de dentro no las fundiese y saltasen dejando paso a las llamas. ¿De qué nos sirvió? Lo que no sucedió por allí sucedió por otro lado. Nos pasamos no sé cuánto tiempo remojando la placa, envueltos en humareda y vapor; mas al oír que por la proa salían las llamas ya, se nos cansaron los brazos, y huyendo de aquel infierno pasamos a la cubierta.

Verdaderamente cesó desde entonces la batalla con el fuego y las esperanzas de atajarlo, y no se pensó más que en el salvamento; en librar, si era posible, la piel; eso, los que aún eran capaces de pensar; porque muchísimos se tiraron al suelo, o se metieron a arrancarse el pelo por los rincones, o se quedaron hechos estatuas, como el tercero de a bordo, que tan pronto se declaró el incendio se sentó en un rollo de cuerdas y ni dijo media palabra, ni se meneó ni soñó en ayudarnos.

A las dos horas de notarse el fuego la máquina se paró. Si no se para, tenemos la salvación casi segura; ardiendo y todo, llegaríamos al puerto. Lo que recelábamos era que el vapor comprimido y sin desahogo hiciese estallar la caldera. Todos preguntábamos al engineer, un inglés muy tieso, muy callado y con un corazón más grande que la máquina. No se meneaba de su sitio, ni se demudó poco ni mucho; abrió todas las válvulas, y nos dijo con flema:

—Mi responde con mi head, máquina very-good, seguros por ella no explosión.

Al ver que la pobre de la máquina se paraba, nos quedamos, si cabe, más aterrados; no creíamos que el incendio llegase hasta donde, por lo visto, llegaba ya; comprendimos que el fuego no estaba localizado y contenido sino que era dueño de todo el interior del buque y no había más remedio que cruzarse de brazos y dejarle hacer su capricho.

—¡Barco perdido, don Raimundo! —dije al capitán.

—Barco perdido, Salgado.

—¿Y nosotros?

—Perdidos también.

—Esperanza en Dios, don Raimundo. Y él se echó las manos a la cabeza, y dijo de un modo que nunca se me olvida:

—¡Dios!

Yo no sé qué le habíamos hecho a Dios los trescientos cristianos que en aquel barco íbamos; pero algún pecado muy gordo debió de ser el nuestro para que así nos juntase castigos y calamidades. De cuantas noches de temporal recuerdo —y mire usted que algo se ha navegado—, ninguna más atroz, más furiosa que aquella noche. Una marejada frenética; el barco no se sostenía; ola por aquí, ola por acullá; montes de agua y de espuma que nos cubrían; ya no era balancearse; era despeñarse, caer en un precipicio; parecía que la tormenta gozaba en movernos y abanicarnos para avivar el incendio. Soplaba un viento iracundo; llovía sin cesar; y la noche, tan negra, tan negra, que sobre cubierta no nos veíamos las caras. Unos lloraban de un modo que partía el corazón; otros blasfemaban; muchos decían: «¡Ay, mis pobres hijos!». No entiendo cómo el timonel era capaz de estarse tan quieto en su puesto de honor, manteniendo fijo el rumbo del barco para que no rodase como una pelota por aquel mar loco.

Pronto empezaron a alumbrarnos las llamas, que salían por la proa, no ya a intervalos, sino continuamente, igual que si desde adentro las soplasen con fuelles de fragua. Lo tremendo de la marejada hizo que no se pensase en esquifes; meterse en ellos se reducía a adelantar la muerte. En esto gritaron que se veía embarcación a sotavento.

¡Un buque! Desde que se declaró el incendio no habíamos cesado de disparar cohetes y fuegos de bengala, con objeto de que los buques, al pasar cerca de nosotros, comprendiesen que el barco incendiado contenía gente necesitada de socorro. Y vea usted cómo Dios, a pesar de lo que dije antes, nunca amontona todas las desgracias juntas. Aún tenemos que agradecerle que el sitio del siniestro es un punto de cruce, donde se encuentran las embarcaciones que hacen rumbo al Atlántico y al Mediterráneo. Pocas millas más adelante ya no sería fácil hallar quien nos socorriese.

Al ver el buque, la gente se alborotó, y los más resueltos arriaron los esquifes en un minuto. Allí no había capitán, ni oficiales, ni autoridad de ninguna especie; los contramaestres se cogieron el esquife mejor, y cabiendo en él treinta personas, resultó que lo ocuparon solo cinco. Ya se sabe lo que hace el miedo a morir; ni se repara en el peligro, ni hay compasión, ni prójimo. Sin mirar lo furioso del oleaje y lo imposible que era nadar allí, se echaron al mar muchísimas personas por meterse en los esquifes. Aún parece que oigo las voces con que decían al contramaestre.

—¡Espere, nuestramo Nicolás, espere por la madre que le parió; la mano, nuestramo!

Y él, en su maldita jerga catalana, respondía:

—N'om fa res; n'om fa res.

Y cuando los infelices querían halarse al esquife y se agarraban a la borda, los de adentro, desenvainando cuchillos, amenazaban coserlos a puñaladas.

De esta vez hubo ya bastantes víctimas; los esquifes se alejaron, y nuestra esperanza con ellos. Después de recoger a aquellos primeros náufragos, el buque siguió su rumbo, porque no le permitía mantenerse al pairo el temporal.

A todo esto, ¡si viese usted cómo iba poniéndose la cubierta! Oíamos el roncar del incendio, que parecía el resoplido de un animalazo feroz, y a cada instante esperábamos ver salir las llamas por el centro del buque y hundirse la cubierta. Nos arrimábamos cuanto podíamos a la parte de popa, pues además el calor del suelo se hacía insoportable, y del piso de hierro cubierto con planchas de madera salían, por los agujeros de los tornillos, llamitas cortas, igual que si a un tiempo se inflamasen varias docenas de fósforos, sembrados aquí y acullá. Ya ni el frío ni la oscuridad eran de temer; ¡qué disparate!, buena oscuridad nos dé Dios: la popa algunas veces estaba tan clara como un salón de baile; iluminación completa: daba gusto ver el horizonte cerrado por unas olas inmensas, verdes y negruzcas, que se venían encima, y sobre las cuales volaba una orillita de espuma más blanca que la nieve. También divisamos otro buque, un paquebote de vapor, que se paraba, sin duda, para auxiliarnos. ¡Estaba tan lejos! Con todo, la gente se animó. El segundo, el señorito de Armero, se llegó a mí y me tocó en el hombro.

—Salgado, ¿puede usted bajar a la cámara? Necesito un farol.

—Mi segundo, estoy casi ciego... Con el calor y el humo me va faltado la vista.

—Aunque sea a tientas..., quiero un farol.

Vaya, no sé yo mismo cómo gateé por las escaleras; la cámara era un horno; el farol todavía estaba encendido; lo descolgué y se lo entregué al segundo, convencido de que le daba el pasaporte para la eternidad, pues el esquife en que él y otros cuantos se decidieron a meterse era el más chico y estaba muy deteriorado. Lo arriaron, y por milagro consiguieron sentarse en él sin que zozobrase. Entonces empezó la gente a lanzarse al mar para salvarse en el esquife, y pude notar que, apenas caían al agua, morían todos. Alguno se rompió la cabeza contra los costados del buque; pero la mayor parte, sin tropezar en nada, expiró instantáneamente. ¿Era que hervía el agua con el calor del incendio y los cocía? ¿Era que se les acababan las fuerzas? Lo cierto es que daban dos paladitas muy suaves para nadar, subían de pronto las rodillas a la altura de la boca, y flotaban ya cadáveres.

Los del esquife remaban desesperadamente hacia el barco salvador. Supe después que a la mitad del camino, notaron que el esquife, roto por el fondo, hacía agua y se sumergía; que pusieron en la abertura sus chaquetas, sus botas, cuanto pudieron encontrar; y no bastando aún, el señorito de Armero, que es muy resuelto, cogió a un marinerillo, lo sentó o, por mejor decir, lo embutió en el boquete, y le dijo (con perdón):

—¡No te menees, y tapa con el...!
Gracias a lo cual llegaron al buque y les pudimos ver ascendiendo sobre cubierta. No sé si nos pesaba o no el habernos quedado allí sin probar el salvamento. ¡Los muertos ya estaban en paz, y los salvados..., qué felices! El buque aquel tampoco se detenía; era necesario aguardar a que Dios nos mandase otro, y resistir como pudiésemos todo el tiempo que tardase. Es verdad que nuestro San Gregorio aún podía durar. Al fin, era un gran vapor de línea, con su cargamento, y daba qué hacer a las llamas. El caso era refugiarse en alguna esquina para no perecer abrasados.

Al capitán se le ocurrió la idea de trepar a la cofa del gran árbol de hierro, del palo mayor. Mientras el barco ardía, creyó él poder mantenerse allí, seguro y libre de las llamas, como un canario en su jaula. Yo, que le vi acercarse al palo, le cogí del brazo enseguida.

—No suba usted, capitán; ¿pues no ve que el palo se tiene que doblar en cuanto se ponga candente?

El pobre hombre, enamorado del proyecto, daba vueltas alrededor del palo estudiando su resistencia. Creo que si más pronto le anuncio la catástrofe, más pronto sucede. El árbol..., ¡pim!, se dobló de pronto, lo mismo que el dedo de una persona, y arrastrado por su peso, besó el suelo con la cima. Por listo que anduvo el capitán, como estaba cerca, un alambre candente de la plataforma le cogió el pie por cerca del tobillo y se lo tronzó sin sacarle gota de sangre, haciendo a un tiempo mismo la amputación y el cauterio; respondo de que ningún cirujano se lo cortaba con más limpieza. Le levantamos como se pudo, y colocando un sofá al extremo de la popa, le instalamos del mejor modo para que estuviese descansado. Se quejaba muy bajito, entre dientes, como si masticase el dolor, y medio le oí: «¡Mi pobre mujer!, ¡mis hijitos queridos!, ¿qué será de ellos?». Pero de repente, sin más ni más, empezó a gritar como un condenado, pidiendo socorro y medicina. ¡Sí, medicina! ¡Para medicinas estábamos! Ya el fuego había llegado a la cámara y a pesar del ruido de la tormenta oíamos estallar los frascos del botiquín, la cristalería y la vajilla. Entonces el desdichado comenzó a rogar, con palabras muy tristes, que le echásemos al agua, y usando, por última vez, de su autoridad a bordo, mandó que le atásemos un peso al cuerpo. Nos disculpamos con que no había con qué atarle, y él, que al mismo tiempo estaba sereno, recordó que en la bitácora existe una barra muy gruesa de plomo, porque allí no puede entrar ni hierro ni otro metal que haga desviar la aguja imantada. Por más que nos resistimos, fue preciso arrancarla y colgársela del cuello, y como el peso era grande y le obligaba a bajar la cabeza, tuvo que sostenerlo con las dos manos, recostándose en el respaldo del sofá. Como llevaba en el bolsillo su revólver, lo armó, y suplicó que le permitiesen pegarse un tiro y le arrojasen al mar después. ¡Naturalmente que nos opusimos! Le instamos para que dejase amanecer; con el día se calmaría la tormenta, y algún barco de los muchos que cruzaban nos salvaría a todos. Le porfiábamos y le hacíamos reflexiones de que el mayor valor era sufrir. Por último desmontó y guardó el revólver, declarando que lo hacía por sus hijos nada más. Se quejó despacito y se empeñó en que habíamos de buscar y enseñarle el pie que le faltaba. ¿Querrá usted creer que anduvimos tras del pie por toda la cubierta y no pudimos cumplirle aquel gusto?

Después del lance del capitán, ocurrió el del oficial tercero, y se me figura que de todos los horrores de la noche fue el que más me afectó. ¡Lo que somos, lo que somos! Nada; una miseria. El tercero era un joven que tenía su novia, y había de casarse con ella al volver del viaje. La quería muchísimo, ¡vaya si la quería! Como que en el viaje anterior le trajo de

Manila preciosidades en pañuelos, en abanicos de sándalo, en cajitas en mil monadas. No obstante... o por lo mismo... en fin ¡qué sé yo! Desgracias y flaquezas de los mortales..., el pobre andaba triste, preocupado, desde tiempo atrás. Nadie me convencerá de que lo que hizo no lo hizo «queriendo» porque ya lo tenía pensado de antes y porque le pareció buena la ocasión de realizarlo. Si no, ¿qué trabajo le costaba intentar el salvamento con el señorito de Armero? Ya determinado a morir, tanto le daba de un modo como de otro, y al menos podía suceder que en el esquife consiguiese librar la piel. Bien; no cavilemos. El no dio señales de pretender combatir el fuego, y mientras nosotros manejábamos el «caballo» y soltábamos mangas de agua contra las puertas, envueltos en llamas y humo, él, quietecito y como atontado. Al marcharse el señorito de Armero, le llamó a la cámara para entregarle su reloj, un reloj precioso con tapa de brillantes, y dos sortijas muy buenas también, encargándole que se las llevase a su novia como recuerdo y despedida. Lo que yo digo; el hombre se encontraba resuelto a morir. Luego subió a popa, y le vi sentado, muy taciturno, con la cabeza entre las manos.

A dos pasos me coloqué yo. Él se volvió y me dijo:

—Cocinero, ¿tiene usted ahí un cigarro?

—Mi oficial, solo tengo picadura en el bolsillo del chaquetón... Pero este tiene tabacos, de seguro... añadí, señalando a un camarero que estaba allí cerca.

¿Querrá usted creer que el bruto del camarero se resistía a meter la mano en el bolsillo y soltar el cigarro?

—Animal —le grité—, no seas tacaño ahora. ¿De qué te servirá el tabaco, si vamos todos a perecer?

En vista de mis gritos, el hombre aflojó el cigarro. El tercero lo encendió y daría, a todo dar, tres chupadas; a cada una le veía yo la cara con la lumbre del cigarro: un gesto que ponía miedo. A la tercera chupada, acercó a la sien el revólver, y oímos el tiro. Cayó redondo, sin un «ay».

Nadie se asustó, nadie gritó; casi puede decirse que nadie se movió, estábamos ya de tal manera, que todo nos era indiferente. Solo el capitán preguntó desde el sofá:

—¿Qué es eso? ¿Qué ocurre?

—El tercero que se acaba de levantar la tapa de los sesos.

—¡Hizo bien!

De allí a poco rato, murmuró:

—Echadle al mar.

Obedecimos, y a ninguno se le ocurrió rezar el Padrenuestro.

¡Es que se vuelve uno estúpido en ocasiones semejantes! Figúrese usted que en los primeros instantes recogió el capitán, de la caja, seis mil duros y pico en oro y billetes; seis mil duros y pico que anduvieron rodando por allí, sobre cubierta, sin que nadie les hiciese caso ni los mirase. En cambio, al piloto se le había metido en la cabeza buscar el cuaderno de bitácora y se desdichaba todo porque no daba con él, lo mismo que si fuese indispensable apuntar a qué altura y latitud dejábamos el pellejo. Pues otra rareza. En todo aquel desastre, ¿quién pensará usted que me infundía más lástima? El perro del capitán, un terranova precioso, que días atrás se había roto una pata y la tenía entablillada; el animalito, echado junto al timón, remedaba a su amo, los dos iguales, inválidos y aguardando por la muerte. ¡Si seré majadero! El perro me daba más pena.

Ya las llamas salían por sotavento y la mañana se iba acercando ¡Qué amanecer, Virgen Santa! Todos estábamos desfallecidos, muertos de sed, de frío, de calor, de hambre, de cansancio y de cuanto hay que padecer en la vida. Algunos dormitaban. Al asomar la claridad del día, salió del centro del barco una hoguera enorme; por el hueco del palo mayor se habían abierto paso las llamas, y la cubierta iba, sin duda, a hundirse, descubriendo el volcán. Contábamos con el suceso, y a pesar de que contábamos, nos sorprendió terriblemente. Empezamos a clamar al Cielo, y muchos a enseñarle el puño cerrado, preguntando a Dios.

—¿Pero qué te hicimos?

El capitán, que tiritaba de fiebre, me dijo gimiendo:

—¡Agua! ¡Por caridad, un sorbo de agua!

¡Agua! Puede que la hubiese en el aljibe. Así que lo pensé fui hacia él y se me agregaron varios sedientos, poniendo la boca en unos remates que tiene el aljibe y son como biberones por donde sale el agua. ¡Qué de juramentos soltaron! El agua, al salir hirviendo, les abrasó la boca. Yo tuve la precaución de recibirla en mi casquete y dejarla enfriar. El capitán continuaba con sus gemidos. Tuve que dársela medio templada aún. ¡Me miró con unos ojos!

—Gracias, Salgado.

—No hay de qué, capitán... ¡Se hace lo que se puede!

La tormenta, en vez de ir a menos, hasta parece que arreciaba desde que era de día. Para no caer al mar, nos cogíamos a la barandilla. Pasó un barco, y por más señales que le hicimos, no se detuvo; y debió de vernos, pues cruzó a poca distancia. A mí me dolían de un modo cruel los ojos secos por el fuego, y cuanto más descubría el Sol, menos veía yo, no distinguiendo los objetos sino como a través de una niebla. Por otra parte, me sentía desmayar, pues desde el almuerzo de la víspera no había comido bocado, y se me iba el sentido. Casualmente, se encontraron sobre cubierta, descuartizadas y colgadas, las reses muertas para el consumo del buque, y con el calor del incendio estaban algo asadas ya. Los que nos caíamos de necesidad nos echábamos sobre aquel gigantesco rosbif, medio crudo, y refrescábamos la boca con la sangre que soltaba. Nos reanimamos un poco.

A mediodía sucedió lo que temíamos: quedó cortada la comunicación entre la popa y la proa, derrumbándose con gran estrépito media cubierta y viéndose el brasero que formaba todo el centro del barco. Salieron las llamas altísimas, como salen de los volcanes, y recomendamos el alma a Dios, porque creíamos que iban a alcanzarnos. No sucedió esto por dos razones: primera, por tener el buque, en vez de obra muerta de madera, barandilla de hierro, segunda, por estar las puertas de hierro cerradas hacia la parte de popa, lo cual contuvo el incendio por allí, obligándole a cebarse en la proa. De todas maneras, no debían las llamas de andar muy lejos de nuestras personas, ya que a eso de las tres de la tarde empezamos a advertir que el piso nos tostaba las plantas de los pies. Atamos a una cuerda un cubo, y lo subíamos lleno de agua de mar, vertiéndolo por el suelo para refrescarlo un poco. Ya comprendíamos lo estéril del recurso, y en medio de lo apurados que estábamos, no faltó quien se riese viendo que era menester levantar primero un pie y luego bajar aquel y levantar el otro para no achicharrarse. Serían las tres. El capitán me llamó despacio

—Salgado, ¡cuánto mejor era morir de una vez!

—Para morir siempre hay tiempo, mi capitán. Aún puede que la Virgen Santísima nos saque de este apuro.

Claro que yo se lo decía para darle ánimos; allá, en mi interior, calculaba que era preciso hacer la maleta para el último viaje. Bien sabe Dios que no pensaba en las herramientas que había perdido ni en mi propia muerte, sino en los chiquillos que quedaban en tierra. ¿Cómo los trataría su padrastro? ¿Quién les ganaría el pan? ¿Saldrían a pedir limosna por las calles? A lo que yo estaba resuelto era a no morir asado. Miré dos o tres veces al mar, reflexionando cómo me tiraría para no romperme la cabeza contra el casco y no sufrir más martirio que el del agua cuando me entrase en la boca. Para acabar de quitarnos el valor, pasó un barco sin hacer caso de nuestras señales. Le enseñamos el puño, y hubo quien gritó:

—¡Permita Dios que te veas como nos vemos!

Ya nos rendía los brazos la faena de bajar y subir baldes de agua, que era lo mismo que apagar con saliva una hoguera grande, y convencidos de que perdíamos el tiempo y que era igual perecer un cuarto de hora antes o después, el que más y el que menos empezó a pensar cómo se las arreglaría para hacer sin gran molestia la travesía al otro barrio. Yo me persigné, con ánimo de arrojarme enseguida al mar. ¡Qué casualidades! Hete aquí que aparece una embarcación, y en vez de pasar de largo, se detiene.

Ya estaba el barco al habla con nosotros: una goleta inglesa, una hermosa goleta, que desafiaba la tempestad manteniéndose al pairo. Los que conservaban ojos sanos pudieron leer en su proa, escrito con letras de oro, Duncan. Empezamos a gritar en inglés, como locos desesperados:

—Schooner! Schooner! Come near!

—Trhow te the water! —nos respondían a voces, sin atreverse a acercarse.

¡Echarnos al agua! ¡No quedaba otro recurso y este era tan arriesgado! En fin qué remedio: los esquifes no podían aproximarse, por el temporal, y el buque menos aún. Nuestro San Gregorio, cercado por todas partes de llamas inmensas, ponía miedo. Había que escoger entre dos muertes: una segura y otra dudosa. Nos dispusimos a beber el sorbo de agua salada.

El primer chaleco salvavidas que nos arrojaron al extremo de un cabo se lo ofrecimos al capitán.

—¡Ánimo! —le dijimos—. Póngase usted el chaleco, y al mar; mal será que no bracee usted hasta la goleta.

—¡No puedo, no puedo!

—Vaya, un poco de resolución.
Se lo puso y medio murmuró gimiendo:
—Tanto da así como de otro modo.
Y acertaba. Aquello fue adelantar el desenlace, y nada más. Se conoce que o la humedad del agua, o el sacudimiento de la caída, le abrieron las arterias del pie tronzado, y se desangró en un decir Jesús; o acaso el frío le produjo calambre; no sé, el caso es que le vimos alzar los brazos, juntarlos en el aire y colarse por el ojo del salvavidas al fondo del mar. Quedaron flotando el chaleco y la gorra, a él no le vimos más en este mundo.

Seguían echándonos, desde la goleta, cabos y salvavidas, y la gente, visto el caso del capitán, recelaba aprovecharlos. Yo me decidí primero que nadie. Ya quería, de un modo o de otro, salir del paso. Pero antes de dar el salto mortal reflexioné un poco y determiné echarme de soslayo, como los buzos, para que la corriente, en vez de batirme contra el buque, me ayudase a desviarme de él. Así lo hice, y, en efecto, tras de la zambullida, fui a salir bastante lejos del San Gregorio. Oía los gritos con que desde el schooner me animaban, y oí también el último alarido de algunos de mis compañeros a quienes se tragó el agua o zapatearon las olas contra los buques. Yo choqué con la espalda en el casco del Duncan: un golpe terrible, que me dejó atontado. Cuando me halaron, caí sobre cubierta como un pez muerto.

Acordé rodeado de ingleses. Me decían: ¡Go!, ¡cook!, ¡go! ¡a la cámara! Me incorporé y quise ir a donde me mandaban, pero no veía nada, y después de tantos horrores me eché a llorar por primera vez, exclamando:
—My no look..., ciego..., enséñeme el camino.
Me levantaron entre dos y me abracé al primero que tropecé, que era un grumete, y rompió también a llorar como un tonto. No sé las cosas que hicieron conmigo los buenos

de los ingleses. Me obligaron a beber de un trago una copa enorme de brandy, me pusieron un traje de franela, me dieron fricciones, me acostaron, me echaron encima qué sé yo cuántas mantas y me dejaron solito.

¿Qué sentí aquella noche? Verá usted... Cosas muy raras; no fue delirar, pero se le parecía mucho. Al principio sudaba algo y no tenía valor para mover un dedo, de puro feliz que me encontraba. Después, al oír el ruido del mar, me parecía que aún estaba dentro de él y que las olas me batían y me empujaban aquí y allí. Luego iban desfilando muchas caras; mis compañeros, el terceto a la luz del cigarro, el capitán y gentes que no veía hacía tiempo, y hasta un chiquillo que se me había muerto años antes...

En fin, por acabar luego: llegamos a Newcastle, se me alivió la vista, el cónsul nos dio una guinea para tabaco, y a los pocos días nos embarcamos en un barco español con rumbo a Marineda ¡Qué diferencia del buque inglés! Nuestros paisanos nos hicieron dormir en el pañol de las velas, sobre un pedazo de lona; apenas conseguimos un poco de rancho y galleta por comida; como si fuésemos perros.

De la llegada, ¿qué quiere usted que diga? A mi mujer le habían dado por cierta mi muerte; en la calle le cantaban los chiquillos coplas anunciándosela. Supóngase usted cómo estaba y cómo me recibió. Ahora he de ir al santuario de La Guardia: no tengo dinero para misas; pero iré a pie descalzo, con el mismo traje que tenía cuando me hallaron sobre la cubierta del Duncan: chaleco roto por los garfios del salvavidas, pantalón chamuscado y la cabeza en pelo; se reirán de verme en tal facha, no me importa, quiero besar el manto de la Virgen y rezar allí una Salve.

Me faltará para pan, pero no para comprar una fotografía del San Gregorio... ¿Ha visto usted cómo quedó? El casco parece un esqueleto de persona, y aún humea; el cargamento de algodón arde todavía, dentro se ve un charco negro, cosas de vidrio y de metal fundidas y torcidas... ¡Imponente!

¡Que si me da miedo volver a embarcarme! ¡Bah! ¡lo que está de Dios..., por mucho que el hombre se defienda...! Ya tengo colocación buscada ¿Quiere usted algo para Manila? ¿Que le traiga a usted algún juguete de los que hacen los chinos? El domingo saldremos...

....

Di al cocinero del San Gregorio unos cuantos puros. Tiene el cocinero del San Gregorio buena sombra y arte para narrar con viveza y colorido. Durante la narración, vi acudir varias veces las lágrimas a sus ojos azules, ya sanos del todo.

La paz

Declarada la guerra entre los dos bandos enemigos, cada cual pensó en armarse. La elección de jefes no ofrecía dificultad: Pepito Lancín era aclamado por los de los bandos de la izquierda, y Riquito (Federico) Polastres, por los de la derecha. Merecían los dos caudillos tan honorífico puesto. Con su travesura y su viveza de ingenio inagotable, Pepito Lancín conseguía siempre divertir a los compañeros de colegio, discurriendo cada día alguna saladísima diablura y volviendo loco al catedrático de Historia, don Cleto Mosconazo, a quien había tomado por víctima. Ya le tenía dentro del tintero una rana viva; ya le disparaba con la cerbatana garbanzos y guisantes; ya le untaba de pez el asiento para que se le quedasen pegadas las faldillas del gabán; ya le colocaba un alfiler punta arriba en el brazo del sillón, donde el señor Mosconazo tenía costumbre de pegar con la mano abierta mientas explicaba a tropezones las proezas de Aníbal o las heroicidades de Viriato el pastor. Verdad que, después de cada gracia, Pepito Lancín «se cargaba» su castigo correspondiente: ya el tirón de orejas, ya el encierro a pan y agua, ya la hora de brazos abiertos o de rodillas, y cuando algún disparo de la cerbatana hacía blanco en la nariz del profesor, este recogía el proyectil y lo deslizaba bajo la rótula del delincuente arrodillado. Parece poca cosa estarse de rodillas sobre un garbanzo una horita ¿eh? ¡Pues hagan la prueba y verán lo que es bueno!

Lejos de mermar el prestigio de Pepito Lancín, los castigos sufridos con estoicismo alegre, mezclando las muecas de burla con las contracciones de dolor, le hacían más popular entre los muchachos. En cuanto a Riquito Polastres, su fama reconocía otro origen; las cualidades morales e intelectuales, la constancia y la agudeza eran privilegio de Lancín; de

Polastres, la fuerza física, unos puños como pesas de gimnasia y un pecho como la proa de un navío. El diminutivo de Federiquito parecía un epigrama, mirando aquel corpachón y aquellas manazas descomunales, y presenciando cómo el muchacho, de una puñada, hacía astillas el pupitre, y de una morrada deshacía una jeta «de hombre»; porque en esto se fundaba la gloria, la prez de Riquito; a los doce años había calentado los morros al asistente del papá de su novia, que quería espantarle del portal como se espanta a un perro faldero. Sí, ¡buen faldero te dé Dios! Aún tenía el zanguango del asistente un ojo hecho una lástima y un carrillo inflamado, de resultas de la trompada fenomenal que le atizó Riquito...

Esta contraposición de aptitudes que se observaba en los dos jefes de bando provocó la declaración de la guerra, porque cada día se chungueaban los izquierdos a cuenta de los derechos, tratando a Riquito de «mulo» y de «zoquete», y los derechos acusaban a los izquierdos de «gallinas» y de «señoritas almidonadas», lo cual es altamente ofensivo y no puede quedar impune. Nada, nada, a armar una guerra; el campo de batalla sería el descampado fronterizo al hospital y a espaldas del Cuartel Nuevo; allí se vería quién es quién, y si los de la izquierda gastan enaguas o pantalones. No ha de ser una pedrea vulgar, como otras, sino una batalla en regla, igual que las que traen los periódicos; se emplearán armas blancas y de fuego; cada cual recogerá de su casa lo que encuentre, y los dos bandos se encontrarán a las seis de la mañana, una hora antes de entrar en clase —porque después pasa gente y andan cerca «los del orden»—, en el sitio señalado, al mando de sus jefes respectivos.

Ni un combatiente faltó de las filas.

El entusiasmo, el ardor bélico, se reflejaban en todos los semblantes. De armamento, a decir verdad andábamos medianamente: éste traía una pistola de salón descargada; aquél un cuchillo de mesa; lo que más abundaba eran las navajas y los cortaplumas, los sables de juguete y algún bastón de estoque sustraído a papá. Sin embargo, Pepito Lancín, entreabriendo su americana, mostró con orgullosa sonrisa un cinturón de cuero y, atravesado en él, un magnífico revólver de níquel; Riquito se retorció de envidia. ¡Un revólver como Dios manda, un revólver de verdad! Para aplastar completamente a su adversario, Lancín dijo con fatuidad suma:

—Cargadito con seis tiros... Y en el bolsillo cápsulas.

Sonrió Riquito con desprecio. No necesitaba armas: le bastaban sus puños. Así lo declaró en alta voz: las armas, para los cobardes, para las gallinas de la izquierda del colegio. Los dos bandos se hicieron muecas y cruzaron los insultos de costumbre; después, a la voz severa de los jefes, se replegaron para situarse en línea de batalla. De pronto, el denodado Lancín se adelantó al centro del espacio libre y encarándose otra vez con Riquito, exclamó perentoriamente:

—Ahora veréis lo que es el valor de los españoles. ¡Muchachos! ¡Viva España! ¡A la balloneta!

El caso es que Riquito era tan cerrado de meollo, que al pronto no entendió la significación de aquel grito, y lo repitió inconscientemente, haciendo coro a su enemigo. ¿Que viviese España? ¡Claro! Eso ¿qué tenía de particular? Los murmullos de su tropa le sorprendieron. ¿Por qué protestaban y enseñaban los puños, no a los «izquierdos», sino a él, a su excelencia el general Polastres? ¿Por qué repetían: «No nos da la gana, barajas. ¡Eso no, contra!»? Para comprender lo que sucedía fue preciso que uno de los más despabilados «derechos» metiéndole los dedos por los ojos a su jefe, le gritase:

—¡Barajas, tonto, que no queremos ser nosotros los mambises y que ellos sean los españoles!

Tenía razón. ¿Cómo no se le había ocurrido inmediatamente? ¡Aquel tunarra de Lancín los quería fastidiar! ¡Ah, granuja! Rebosando indignación, echando chispas, Polastres corrió hasta el general enemigo, sin temor a que le envolviesen y le hiciesen prisionero viéndole solo. Sentíase capaz de hundir las paredes con la frente; iba ciego, frenético, por lo sangriento de la burla. Por instinto de caballerosidad, los adversarios le aguardaron a que se explicase.

—Oye tú, Lancín, ¿quiénes éramos nosotros?

—¡Anda éste! Erais los mambises —respondió Pepito, apretando la culata de su revólver, por el fino gusto de acariaciarla.

—¿Y vosotros?

—Eramos españoles, ya se sabe. ¿Qué habíamos de ser?

—¡Claro, como que íbamos a entrar así! No vale. ¡No se nos antoja, barajas! ¿piensas que te moneas conmigo?

—Y entonces, ¿cómo va a ser, bruto, animal? Si no éramos contrarios, cata que no había guerra.

—¡Pues que la haya o que no la haya! Eres muy listo tú. Déjanos a nosotros ser españoles y ser vosotros los enemigos.

—No puedo —objetó con suprema dignidad Lancín.

—¿No? ¡Verás si puedes, rayo! Del lapo que te voy a soltar..., te dejo negro, y estarás muy propio.

—¡Pero, adoquín, si tengo la bandera ya! —contestó riendo triunfalmente el general Pepito, que sacó del bolsillo un trapo de percalina amarillo y rojo, resto probablemente de algún adorno de mástil en las últimas fiestas que había celebrado la ciudad, y lo tremoló orgulloso en el aire, repitiendo el patriótico grito lanzado momentos antes y contestado antes y ahora po los dos ejércitos. Al escucharlo por segunda vez, al ver ondear la bandera la hueste de Riquito se precipitó y rodeó a Lancín, aclamando lo mismo que él aclamaba con voces atipladas y roncas, pero con una cordialidad y alegría que revelaba disposiciones pacíficas; y el jefe, confuso, no encontrando solución al problema —más fácil le parecía arremeter contra todos: contra el enemigo y contra los que se le pasaban traidoramente—, exclamó avergonzado, llorando como un becerro:

—Me has partido... Esto «no sirve»... No puede haber batalla... Si todos éramos españoles, no nos podíamos pegar. También te aseguro que cuando yo te pille, y no esté delante nadie, y no tengas bandera...

—¡Vaya una gracia que harás! Tienes una fuerza que parece de buey —contestó altivamente Lancín, disparando su revólver al aire, mientras lo dos ejércitos fraternizaban y Riquito se arrepentía ya de su amenaza poco generosa.

Las mamás de los guerreros nunca supieron de la que habían escapado.

El Liberal, 3 enero 1897.

Suerte macabra

¿Queréis saber por qué don Donato, el de los carrillos bermejos y la risueña y regordeta boca se puso abatido, se quedó color tierra y acabó mu riéndose de ictericia? Fue que —oídlo bien— le cayó el premio gordo de Navidad, los millones de pesetas...

Antes de ese acontecimiento, don Donato era un hombre que podía llamarse feliz, si tal adjetivo no pareciese un reto al destino, que siempre está enseñando los dientes a los mortales. Encerrado en su droguería y herboristería de la calle de Jacometrezo, haciendo todos los días a la misma hora las mismas cosas insípidas y rutinarias, don Donato era plácidamente optimista; sus excesos y lujos consistían en alguna escapatoria a los teatrillos alegres porque don Donato aborrecía la literatura triste —al teatro se va a reír—, y sus derroches, en traerse a casa las mejores frutas y legumbres del mercado del Carmen, pues adoraba, a fuer de obeso, los alimentos flojos.

Jugador empedernido de lotería, nunca perdió sorteo, y no solo se arriesgaba él, sino que tomaba parte con amigos y hasta les encomendaba la adquisición de décimos en administraciones que por cualquier motivo juzgaba afortunadas, dentro de las laboriosas combinaciones que realizaba para perseguir y acorralar a la suerte, a quien un día u otro estaba cierto de coger por las alas. ¿En qué se fundaba tal seguridad? No podía decirlo; pero le alentaba una fe robusta, un instinto o presentimiento (llámenle los escépticos como quieran). Supersticioso y calculista pueril, sucedíale a veces pararse en seco ante el número de una casa o el de un coche simón y correr la Administración a pedir el mismo número. Lo que más le confirmaba en su manía era la circunstancia que realmente parecerá extraña a todo el que conozca la lotería un poco: en la ya larga existencia de jugador de don Donato, que jugaba cada sorteo, en algunos doble y triple, no le había caído, no digamos un premio regular, pero ni una aproximación, ni un reintegro en Nochebuena, ni nada, nada... Esta singular reserva de la fortuna le parecía a don Donato signo infalible de que solo se ocultaba para venir un día de pronto, fulminante, terrible, con los brazos abiertos y las manos tendidas, llenas de oro.

Hará dos años, estudiando don Donato la marcha del «gordo», del premio deslumbrador de Navidad, observó que desde tiempo inmemorial no había caído en M***, y, herida su imaginación por esta circunstancia, encargó a un amigo corresponsal que allí tenía que le tomase «un billete» nada menos. A vuelta de correo recibió la respuesta y el número del billete adquirido, en el cual el comprador se reservaba un décimo. Giró el dinero don Donato; guardó como oro en paño el número y la carta comprobante, y esperó el sorteo, con fatalismo de musulmán. Sin emoción compró la lista cuando la oyó vocear, y al fijar los ojos en el glorioso número, una oleada de sangre afluyó a su cabeza... Era el número adquirido en M***; el propio número...; el suyo, el esperado, el de los millones...; allí estaba claro como la luz. ¡El premio, el premio... La Fortuna, abierta de brazos, derramando oro con sus anchas manos pródigas!

Se repuso de pronto Don Donato. ¿Pues qué, no contaba con aquello desde tantos años hacía? ¡Era lógico que al fin viniese! Una alegría intensa, serena, le embargaba plácidamente, mientras corría a cerciorarse..., aunque estaba seguro de que resultaría verdad. Y verdad resultó. No quedaba más que recoger, cobrar y disfrutar a pulso lo cobrado.

No queriendo hacer pública su dicha, por quitarse murgas y sablazos; pensando que nadie ejecuta las cosas mejor que el interesado, aquella misma noche tomó en tren y no paró hasta dar con su cuerpo en M***. Llegó a hora avanzada de la noche siguiente, molido y asendereado, como sedentario que viaja sin ganas y por precisión, y hubo de recogerse a una posada para aguardar con la luz del día la hora de presentarse a su corresponsal y reclamar el billete. Al acostarse pensó en madrugar; mas de puro quebrantado le tomó el sueño y despertó muy tarde. Vistióse, y, con indefinible sobresalto, corrió a casa del amigo, en cuyas manos se encontraba el tesoro. En la esquina de la calle vio gentío: monagos, mujerucas que lanzaban exclamaciones de compasión; escuchó las notas del piporro, la salmodia de los curas; rompió por entre la compacta muchedumbre; se abrió paso hasta el portal, y, al querer enfilar la escalera tropezó con un ataúd que bajaba en hombros... Ya lo adivinas, lector: encerraba el cadáver del poseedor del billete premiado.

Después de cortos momentos de angustia cruel, don Donato se resolvió a penetrar, sin encomendarse a Dios ni al diablo, hasta el gabinete donde lloraba la viuda. Brutalmente —millones quitan escrúpulos— formuló la cuestión y reclamó el billete. Era de temer un desmayo: no lo hubo; la viuda, digna y tranquila, franqueó a don Donato el mueble donde el difunto guardaba sus papeles de mayor interés. A la primera de cambio encontraron en el cajón central una cédula de letra del muerto, que decía así: «Día tantos..., he comprado para el señor don Donato Galíndez, droguero en Madrid, un billete entero de lotería, número tantos, que conservo en mi poder»... Y debajo: «Día tanto...: recibida letra importe billete, menos un décimo que reservo para mí...» Abrió tanto los ojos la viuda con lo del décimo, y desde aquel mismo instante se consagraron ella y don Donato, rivalizando en celo, a registrar la casa de abajo arriba; pero aún cuando gastaron tres días en pesquisas minuciosas, nada pudieron encontrar. El billete había desaparecido.

Al cuarto día, don Donato, que tenía fiebre y estaba medio loco, iba a retirarse amenazando a la justicia, cuando la viuda, llamándole a un rincón y titubeando, le dijo quedamente:

—¿Sabe usted que..., que pienso una cosa? Se me ha clavado aquí —y apoyaba el índice en el entrecejo.

—¿Qué cosa, señora mía?

—Que..., tal vez..., ese..., ese billete..., esté... Si; casi de fijo está...

—¿Dónde, voto a mil pares?...

—¡Está... enterrado..., con mi esposo!

—¡Enterrado!

—¡Enterrado! —exclamó don Donato a punto de que lo enterrasen también.

¿Lo creerán ustedes? Si no lo creen, hacen mal. El terror a los muertos era tan profundo en don Donato, que si no le anima y envalentona la viuda, tal vez renuncia entonces a perseguir su billete.

—No dude que está allí —insistía ella más resuelta cada vez—, porque «llevó puesta» su levita nueva, la de paño fino, y es la misma que usó tres o cuatro días antes de morir... Juraría que el billete va en el bolsillo. Como mi esposo falleció casi de repente...

Azuzado por la valerosa señora, don Donato se enteró de las formalidades necesarias para hacer exhumar judicialmente un cadáver, y pareciéndole empresa erizada de dificultades y hasta de peligros, resolvió echar por la calle de en medio y sobornar al encargado de la custodia del cementerio para que abriese el nicho y el ataúd. Encuéntrase el cementerio de M*** situado a orillas del mar, y la noche en que se realizó la lúgubre hazaña era de tormenta horrible; silbaba el viento entre los negros cipreses, y el sordo e imponente murmurio del Océano tenía los tonos de queja de maldición y de llanto; clamores sobrehumanos por los amenazadores y tristes, parecidos a un coro de voces de muertos. A don Donato le corría el sudor en frías gotas, desde el cráneo hasta la nuca; sus dientes castañeaban y sus piernas flaqueaban como si fuesen de algodón. Destapiaron el nicho; para sacar la caja tuvo el droguero que ayudar, pues pesaba bastante; y cuando se alzó la tapa de cinc, la primera bocanada de putrefacción, el hedor cadavérico dio, más que en las narices, en el alma a don Donato. La viuda, siempre animosa, le dijo al oído:

—¡Ea!... registre usted; no vaya a creer, si registro yo, que le engaño.

Acercó el sepulturero la linterna; don Donato, con esfuerzo sobrehumano, se inclinó sobre la caja; vio una cara espantosa, verde ya; unos ojos abiertos, vidriados y aterradores, una barba fosca, unos labios lívidos...; y solo cuando la viuda repitió con energía:

—Pero, ¡regístrele usted!

Solo entonces, lo repito, se dio cuenta de lo más horroroso... ¿Qué había de registrar? ¡El cadáver estaba desnudo! Cayó desplomado el droguero, mientras la viuda, con acento de desesperación, exclamaba:

—¡Estúpida de mí! ¡Por qué no picaría yo a tijeretazos la ropa! ¡Cuando la ven entera se la llevan los muy ladrones!

....

Se dio el oportuno aviso a la policía; se registraron las casas de empeño y préstamos de toda España; mas no apareció el siniestro billete, y el premio se lo guardó la Hacienda, frotándose las manos (es una manera de decir). Probablemente, el ladrón de la levita arrojó al mar, sin examinarlos, los papeles que halló en los bolsillos, por temor a que le comprometiesen... Lo cierto es que don Donato, a su vez, cayó enfermo y murió consumido de hipocondría, enseñando los puños a una figura imaginaria, que debía de ser la descarada, la idiota de la suerte.

«Revista Moderna», núm. 94, 1898.

El guardapelo

Aunque son raros los casos que pueden citarse de maridos enamorados que no trocarían a su mujer por ninguna otra de las infinitas que en el mundo existen, alguno se encuentra, como se encuentra en Asia la perfecta mandrágora y en Oceanía el pájaro lira o menurio. ¡Dichoso quien sorprende una de estas notables maravillas de la Naturaleza y tiene, al menos, la satisfacción de contemplarla!

Del número de tan inestimables esposos fue Sergio Cañizares, unido a *Matilde* Arenas. Su ilusión de los primeros días no se parecía a esa efímera vegetación primaveral que agostan y secan los calores tempranos, sino al verdor constante de húmeda pradera, donde jamás faltan florecillas ni escasean perfumes. Cultivó su cariño Sergio partiendo de la inquebrantable convicción de que no había quien valiese lo que *Matilde*, y todos los encantos y atractivos de la mujer se cifraban en ella, formando incomparable conjunto. *Matilde* era para Sergio la más hermosa, la más distinguida, donosa, simpática, y también, por añadidura, la más honesta, firme y leal. Con esta persuasión él viviría completamente venturoso, a no existir en el cielo de su dicha —es ley inexorable— una nubecilla tamaño como una almendra que fue creciendo y creciendo, y ennegreciéndose, y amenazando cubrir y asombrar por completo aquella extensión azul, tan radiante, tan despejada a todas horas, ya reflejase las suaves claridades del amanecer, ya las rojas y flamígeras luminarias del ocaso.

La diminuta nube que oscurecía el cielo de Sergio era un dije de oro, un minúsculo guardapelo que, pendiente de una cadenita ligera, llevaba constantemente al cuello *Matilde*. Ni un segundo lo soltaba; no se lo quitaba ni para bañarse, con exageración tal, que como un día se hubiese roto la cadena, cayendo al suelo le dijo, *Matilde,* pensando haberlo perdido, se puso frenética de susto y dolor; hasta que, encontrándolo, manifestó exaltado júbilo.

Desde el primer momento de intimidad conyugal, que permitió a Sergio ver brillar sobre el blanco raso del cutis de *Matilde* el punto de oro del guardapelo, aquel punto se le clavó en el alma, atrayendo sus ojos como si le hipnotizase. No llevaba *Matilde* cerca del corazón otra alhajilla ni escapulario, ni cruz, ni medalla, y Sergio, deseando arrojar de sí vagos temores, supuso buenamente que el guardapelo encerraría algún emblema religioso. Alzándolo como al descuido, preguntó:

—¿Tienes aquí una Virgen?
—No —respondió lacónicamente *Matilde.*
—¿Algún santo de tu devoción?
—Tampoco.
—¡Ah! —murmuró el esposo. Y se mordió los labios. Hay en el amor verdadero un instinto de delicadeza y altivez que impone la discreción: cuanto más crece el ansia de «saber», mayor es la exigencia de que sea franco y sincero, y que lo sea espontáneamente, el ser querido; se desea deber la tranquilidad a una expansión de cariño y ternura, Sergio sintió que su dignidad amorosa no le permitía insistir en la pregunta, y fingió olvidarse de ella; pero le quedó la espina hincada muy adentro.

Aparentó estar alegre, cuando realmente se encontraba abatido y melancólico, y apenas acertaba a pensar sino en el guardapelo de su esposa. ¿Que contenía? Hubiese dado la vida por salir de dudas... pero oyéndolo de boca de ella misma, de sus dulces labios, en uno de esos arranques leales y divinos en que los espíritus se besan, entrelazan y funden. Mas como *Matilde,* aunque siempre zalamera y halagadora, continuaba callándose lo del guardapelo, Sergio comprendió que se confundía su razón, que padecía mucho, y que, cuando tenía delante a su mujer, linda, adornaba, dispuesta a amantes expansiones, en vez de ver su codiciada hermosura, solo veía el siniestro punto de oro, el guardapelo fatal.

Matilde notó por fin la preocupación de su marido, y con coquetería y mimos quiso arrancarle la confesión de sus causas. Un día, tanto apretó, que Sergio, vencido —el que ama, fácilmente se rinde—, reclinando la cabeza en el seno de su mujer, declaró que le atormentaba ignorar lo que contenía aquel tan estimado guardapelo.

—¿Y era eso? —respondió *Matilde* sonriente—. ¡Válgame Dios! ¡Por que no lo dijiste más pronto! En este guardapelo..., hay un mechón de pelo de mi padre.

La explicación parecía muy satisfactoria; y, sin embargo, Sergio, al oírla, sentía hondo estremecimiento allá en lo íntimo de su conciencia. No le había sonado bien la voz de *Matilde*; no encontraba en ella ese timbre claro, que es como el eco de la verdad. Por primera vez desde su boda tuvo un violento arranque, y señalando a la cadena, ordenó:

—Abre ese guardapelo.

Leve palidez se extendió por las mejillas de *Matilde*, pero obedeció; apretó el resorte, y Sergio divisó, tras su cristal, un mechón de pelo fino, de un rubio ceniza... En vez de echar los brazos al cuello de su mujer, que repetía: «¿Lo ves?», Sergio volvió a percibir otro golpe, otra fría puñalada... Retiróse lentamente, y aquel día los esposos no se hablaron. *Matilde*, quejándose de jaqueca se acostó a mediodía, y Sergio salió al campo a pasear.

Cavilaba, discurría. Su suegro, ya difunto, y a quien había conocido calvo, con cerquillo de pelos grises, ¿sería en su juventud tan rubio? La cosa era bastante difícil de averiguar. Probablemente nadie recordaba ese detalle, pues para nadie tenía importancia, sino para él. Sergio, en aquella hora de su vida. ¿Quién le diría la verdad? Los días siguientes, disimulando la inquietud, preguntó a troche y moche, frecuentó el trato de contemporáneos de su suegro, revisó retratos antiguos, fotografías, una miniatura... Nada logró sacar en limpio, más que noticias contradictorias.

Por fin, recordó que hacía pocos meses *Matilde* le había interesado en una recomendación a favor de un quinto, nieto de cierta buena mujer que había sido niñera de su padre, y que vivía aún en una aldea cercana. Sergio, afanoso, ensilló el caballo y no paró hasta apearse ante la cabaña de la viejecita. Esta, que frisaba en los ochenta y tres años, estaba impedida, medio ciega y casi sorda. Costóle gran trabajo a Sergio hacer comprender a la anciana su extraña pregunta. ¿De qué color tenía el pelo su suegro, cuando era niño? Al fin, la vieja, meneando la cabeza decrépita, respondió en cascada voz, alzando el dedo índice:

—¿El pelo? Lo tenía negrito, negrito como la endrina. ¡Ay! Era muy guapo.

Sergio, que al pronto se quedó convertido en piedra, salió después corriendo como un loco. *Matilde* había mentido. ¡La condenaba aquel testimonio irrevocable! No podía ser recuerdo filial el mechón rubio.

Una semana tardó Sergio en volver a su hogar. Anduvo errante, desatinado, y durante aquella semana puede decirse que recorrió el ciclo de vida del sentimiento y que agotó entera la copa de la duda y la desesperación, sufriendo la profunda miseria moral que acompaña a los celos. Los dos primeros días dio por seguro que *Matilde* era una gran culpable y decidió matarla. Los dos siguientes supuso que el mechón no recordaba sino algún inocente amorío de la adolescencia. Y al correr los tres últimos empezó a sonreírle una hipótesis que a cada paso se le figuraba más cuerda y razonable: la anciana, chocha ya se había equivocado, como se equivocan hasta en lo más patente otras dos centenarias temblonas, la historia y la tradición. Al séptimo día, en el alma de Sergio, el amor consiguió reconstruir su mundo ideal: la condenada vieja mentía, era una bellaca embustera y maliciosa; el padre de *Matilde* tenía el pelo rubio, muy rubio, en último caso, si aquel mechón fuese «una memoria»..., ¿qué importaba? No hay mujer que no conserve un guardapelo y lo lleve, si no al cuello, en el corazón, lo que es peor, ¡peor infinitamente!

Y Sergio, dolorido, pero resignado y ferviente, volvió al lado de *Matilde*, acostumbrado ya al brillo siniestro del punto de oro.

El Imparcial, 17 julio 1898.

La ventana cerrada

—Si alguna febril curiosidad he padecido en mi vida —declaró Pepe Olivar, el original escritor que hizo ilustre el prosaico seudónimo de Aceituno—; si me convencí prácticamente de que por la curiosidad se puede llegar a la pasión, fue debido al enigma de una ventana cerrada siempre, y detrás de la cual supuse que vivía, o más bien que moría, una mujer a quien no conseguí ver nunca... ¡Nunca!

—Eso parece leyenda de antaño, cuento misterioso de la época romántica —exclamó uno de nosotros.

—¿Y tú te figuras, incauto —repuso Aceituno sarcásticamente—, que ha inventado algo el Romanticismo? ¿Supones que no hubo románticos sino allá por los años del treinta al cuarenta? ¿Desconoces el romanticismo natural, que no se aprende? ¿Piensas que la imaginación puede sobrepujar a la realidad? Las infinitas combinaciones de los sucesos producen lo que ni aún entreví la inspiración literaria. De esto he tenido en mi vida muchas pruebas; pero la historia de la ventana... ¡ah!, esa pertenece no al género espeluznante, sino a otro, poco lisonjero ciertamente para mí... Con todo, no careció de poesía: poesía fueron, y poesía de gran vibración, las violentas emociones que logró producirme.

Supón que yo era muy muchacho: iba a cumplir los diecinueve, y desde C*** acababa de trasladarme a Madrid para completar mis estudios en la Facultad de Medicina y despabilarme (así decía mi padre, que me tenía por un rapaz encogido y torpe). Es frecuente que los chicos, por exceso de sensibilidad, parezcan lerdos; así me pasaba a mí; andaba por el mundo como dormido, mientras en mi interior se representaban novelas, dramas y tragedias, siempre con el mismo protagonista, siempre con el mismo protagonista: el pobre estudiante de Medicina, que desde el balcón de una casa de huéspedes de las más baratas miraba pasar el torbellino de la corte, el descenso de los elegantes trenes hacia el paseo y los toros, el movimiento incesante, vertiginoso, de una de las grandes arterias madrileñas.

Dominaba mi balcón del cuarto piso no solo la ancha calle que sabéis, sino las estufas, dependencias y jardines de cierto magnífico palacio. Cuando el bullicio callejero me aburría; cuando, rendido de estudiar para prepararme a los exámenes o de tragar libros y almacenar conocimientos, o de darme un atracón de versos, soñaba con siestas en el campo y excursiones al través de las rientes campiñas galaicas reposaba fijando la vista en lo que familiarmente llamaba «mi jardín». Dada la penuria de vegetación del interior de Madrid, el tal jardín se me figuraba un oasis consolador de la estrechez de mi cuarto, del tiesto de albahaca tísica que cultivaba mi patrona, de la falta de dinero para salir al campo los domingos. Frondosos y crecidos eran los árboles que sombreaban la fachada del palacio; pero, en otoño, los de hoja caduca, al despojarse de su rozagante vestido verde, me descubrían, en el segundo piso, en el ángulo del edificio, muy distinta del pórtico por donde salían los carruajes, «la ventana»...

Al pronto no extrañé que aquella ventana, alta y rasgada, fuese la sola que jamás se abría, la única que, protegida siempre por el abrigo de su tupido cortinaje de seda, permanecía velada como un santuario y cerrada como la reja de una prisión. Así que caí en la cuenta, lo único que me atraía del palacio espléndido era la ventana dichosa. Mi vista, que antes registraba afanosamente los dorados salones, las bien decoradas estancias, los gabinetes llenos de delicados chirimbolos, el lujo severo del comedor, con sus bandejas de plata repujada, y sus flamencos tapices —cosas que daban idea de una vida superior, desconocida para mí—, ahora desdeñaba tal espectáculo, y «atraída por un imán más poderoso», como dice Hamlet, no se apartaba del ángulo del edificio, de la ventana nunca abierta.

Con insinuantes preguntas a mi patrona, haciendo charlar a mis compañeros de hospedaje y café, que se jactaban de conocer a fondo la crónica madrileña, quise averiguar la biografía de los moradores del palacio. Si bien todos afirmaban saberla a ciencia cierta y con pelos y señales, al precisar solo obtuve datos truncados y hasta contradictorios, que me pusieron en mayor confusión.

El dueño del palacio era un opulento magnate que había pasado larguísimas temporadas en el extranjero desempeñando altos puestos diplomáticos. Por su alejamiento de la Patria y por su carácter reservado y altanero, tenía en Madrid, escasos amigos y contadas relaciones, y era de los que ni se dejan ver ni quieren gente. Al tratarse de la familia del señorón, empezaban las opuestas versiones y las noticias novelescas. Según unos, el magnate estaba viudo de cierta bellísima inglesa, y tenía consigo a una hija no menos hermosa, único fruto de su enlace; según otros, la inglesa no había muerto y residía en el palacio secuestrada por los bárbaros celos del esposo... Gentes de imaginación volcánica aseguraban que la dama emparedada del palacio no era sino una odalisca robada en Constantinopla, y muchos la convertían en princesa circasiana venida de los países donde es más puro el tipo humano en la raza blanca, y donde la mujer, satisfecha con tener a su lado al señor y dueño, no aspira ni a sentir en las losas de la calle su diminuta babucha bordada de perlas... Estas suposiciones, me derramaron en las venas vitriolo y fuego. ¡Recuerdo que frisaba yo en los veinte años, y que no había amado aún! Noches enteras me pasé fantaseando la ventana cerrada que guardaba, a mi parecer, la clave de mi destino. Con el corazón palpitante espiaba la aparición de la mujer que alguna vez, fatalmente entreabriría el cortinaje y pagaría mis miradas con una sola, resumen de la dicha... No me cabía duda; la primera ojeada de la cautiva sería chispa de rayo, premio de mi insensata y romancesca devoción... Me procuré unos gemelos marinos para mejor escrutar el arcano de la ventana. Conté las mallas del encaje del transparente, las bellotas de pasamanería del cortinaje doble, los arabescos del brocado... Cuando se encendían dentro las lámparas, yo veía pasar y repasar una sombra gallarda, esbelta, ya arrastrando flotante bata, ya ceñida por severo traje oscuro; sombra divina, cuerpo de mi ensueño loco... ¿Lo creerán o dirán que exagero? Hasta tal punto me sacaban de quicio la dama invisible y la ventana cerrada, que eran indiferentes a mi juventud fogosa todas las mujeres y se me hacía aborrecible la lectura como no encontrase en los libros alguna situación semejante a la mía...

¡Los planes que forjé! ¡Los delirios que se me ocurrieron! ¿Por qué secuestraban a aquella mujer celestial? ¿Qué tirano, qué verdugo era el magnate? ¡Qué nombre daba a sus derechos? ¿Padre? ¿Marido? ¿Raptor y amante celoso? ¿Había yo de tolerar el crimen? ¿No podía el oscuro estudiante, el cero social, libertar a la prisionera? ¿Tanto costaba escalar la tapia, saltar la puerta, aprovechar descuidos de los servidores, deslizarse escalera arriba, aparecer de súbito en el cuarto de la hermosa, caer a sus pies y decir en voz conmovida: «Aquí me tienes; el cielo te depara un redentor»?

Solo que del pensamiento al hecho... A pesar de mi fiebre amorosa y heroica, el aspecto señorial del palacio, la gravedad del portero de librea de gala, lo sólido del enverjado, los ladridos roncos del colosal dogo de Ulm, la saludable memoria del Código y también la certidumbre de mi bolsillo vacío (no hay cosa que así cohíba), hacía que mis propósitos se desvaneciesen como el humo. Y quiso la pícara casualidad que una mañana que me levanté muy resuelto, al mirar al jardín y al palacio, pensé que me daba un accidente... ¡La ventana, la ventana!, estaba abierta de par en par.

Exhalé un grito, asesté los gemelos... La habitación, un elegante y muelle boudoir femenino, se encontraba vacía, desierta, solitaria... Recorrí las demás ventanas del palacio, todas abiertas, y en los salones ni alma viviente... El portero, ya sin librea, fumaba en el jardín; dos mozos retiraban plantas y jarrones a la estufa. Bajé mis cuatro pisos, crucé la calle, me llegué a la verja, tiré de la campana, pregunté... los señores, la víspera, se habían marchado a Berlín.

—¿Y llegaste a averiguar, ¡oh insigne Aceituno!, quién era la dama secuestrada?

Pepe Olivar sonrió con ironía y humorismo, no sin mezcla de tristeza y nostalgia, su sonrisa propia, la marca de su estilo.

—Reíos también, ¡es muy chusco! Era la esposa del magnate una inglesa... y secuestrada, ya lo creo..., pero por su propia voluntad, único medio de que no rompa sus hierros una mujer. Esta padecía una enfermedad de la piel; una de esas afecciones tercas y repugnantes que desfiguran el rostro. De flor de Albión se había convertido en berenjena madura..., y como la prescripción era evitar la más leve corriente del aire, no salía del tocador... Por otra parte, no quería que la viese nadie con la cara echada a perder. Un doctor alemán restauró las rosas y la nieve de aquella faz, que yo adoré sin haberla visto.

Infidelidad

Con gran sorpresa oyó Isabel de boca de su amiga Claudia, mujer formal entre todas, y en quien la belleza sirve de realce a la virtud, como al azul esmalte el rico marco de oro, la confesión siguiente:

—Aquí, donde me ves, he cometido una infidelidad crudelísima, y si hoy soy tan firme y perseverante en mis afectos, es precisamente porque me aleccionaron las tristes consecuencias de aquel capricho.

—¡Capricho tú! —repitió Isabel atónita.

—Yo, hija mía... Perfecto, solo Dios. Y gracias cuando los errores nos enseñan y nos depuran el alma.

Con levadura de malignidad, pensó Isabel para su bata de encaje:

«Te veo, pajarita... ¡Fíese usted de las moscas muertas! Buenas cosas habrás hecho a cencerros tapados... Si cuentas esta, es a fin de que creamos en tu conversión.»

Y, despierta una empecatada curiosidad y una complacencia diabólica, volvióse la amiga todo oídos... Las primeras frases de Claudia fueron alarmantes.

—Cuando sucedió estaba yo soltera todavía... La inocencia no siempre nos escuda contra los errores sentimentales. Una chiquilla de dieciséis años ignora el alcance de sus acciones; juega con fuego sobre barriles atestados de pólvora, y no es capaz de compasión, por lo mismo que no ha sufrido...

La fisonomía de Claudia expresó, al decir así, tanta tristeza, que Isabel vio escrita en la hermosa cara la historia de las continuas y desvergonzadas traiciones que al esposo de su amiga achacaban con sobrado fundamento la voz pública. Y sin apiadarse, Isabel murmuró interiormente:

«Prepara, sí, prepara la rebaja... Ya conocemos estas semiconfesiones con reservas mentales y excusas confitadas...

El maridito se aprovecha; pero por lo visto has madrugado tú... Pues por mí, absolución sin penitencia, hija... ¡Y cómo sabe revestirse de contrición!»

En efecto, Claudia, cabizbaja, entornaba los brillantes ojos, velados por una humareda oscura, profundamente melancólica.

—Dieciséis años. Era mi edad..., y había un ser a quien entonces quería acaso más que a ninguno. Todos los momentos de que podía disponer los dedicaba a acariciarle, a hacerle demostraciones de ternura, que él pagaba con otras mil voces más apasionadas y alegres...

—¡Claudia! —exclamó Isabel con pudibundo mohín.

—Isabel... —repuso ésta—, tranquilizate, y que no te parezca cómica la revelación... ¡Si vieses qué lejos de mí está el tomar a broma este episodio! ¡Ojalá pudiese! El ser querido era un perro...

—¡Ah! —gritó Isabel, que no pecaba de necia—. Debí figurármelo... Solo un perro justifica el lirismo con que te expresabas... Solo el corazón del perro encierra lealtad, sinceridad y nobleza bastante para satisfacer a una soñadora como tú...

—Y ahí está la razón de mis remordimientos... —afirmó seriamente Claudia—. Si yo hubiese vendido a un ser capaz de venderme..., mi conciencia estaría casi tranquila. Habría arriesgado algo, me habría expuesto a represalias..., mientras que así...

—Comprendo, comprendo —balbuceó Isabel, conmovida a pesar suyo.

—A pesar del tiempo transcurrido, aún me persiguen los recuerdos de mi maldad... Los años nos hacen más blandos de corazón. La juventud ve delante de sí tantas esperanzas, que no quiere mirar al dolor ni apiadarse del daño que aturdidamente ocasiona... Mi error no tuvo disculpa, ni siquiera la del buen gusto. Ivanhoe, mi primer favorito, era un perrazo magnífico, un terranova de pelo ensortijado y negrísimo, como denso tapiz de astracán. De cabeza noble e inteligente, el mirar de sus grandes ojos de venturina destellaba una bondad ideal. ¡Decía un mundo de cosas! Cuando venía a descansar la cabezota en mi regazo y fijaba en mis pupilas las suyas magnéticas, yo leía en ellas la resolución de morir por mí, si fuera preciso.

La sombra de un peligro, la entrada de una persona desconocida, contraían con repentina ferocidad el hocico de Ivanhoe, que enseñaba sus blancos dientes amenazándolos, gruñendo sordamente. De día me seguía paso a paso; de noche dormía travesado en el umbral de mi puerta. Mi pureza no necesitaba otro guardián, y mis padres acostumbraban decir que con Ivanhoe iba yo más defendida que con tres criados.

En esto sucedió que vino de París mi tía la de Bellver, y me trajo un regalo carísimo. Empezaban a ponerse de moda los grifones, y dentro del manguito me presentó uno, diminuto hasta la ridiculez y feo hasta la sublimidad: «una delicia», voz unánime de cuantos lo admiraron en la tertulia. Un matorral de pelo gris sucio se cruzaba y confundía en la cara del animalejo, escondiendo sus ojos desproporcionados, parecidos a enormes cuentas de azabache y descubriendo solo la nariz, trufita húmeda reluciente y donosa hasta la caricatura. Clown —así se llamaba el bichejo— fue nuestro juguete, frágil, original y envidiado porque no se conocía otro en Madrid; y la miseria de mi vanidad me incitó a consagrar a Clown exclusivamente todos mis halagos, a no separarlo de mí, a adoptarle por favorito, olvidando enteramente a Ivanhoe. Es más: llegué a expulsar a Ivanhoe de mi presencia y de mi cuarto, porque asustaba al grifón, el cual, muy tembleque, como todos los perros chiquitines, se convertía en azogado al ver al colosal terranova. Me entregué sin reparo al nuevo cariño, y si no le encargué a Clown un trousseau lujosísimo de sedas, encajes y plumas (ya sabes que esto se hace hoy, como que existen modistas especiales y hasta figurines para perros), al menos me dediqué a lavarlo, peinarlo, perfumarlo y atusarlo, y le construí un collarín precioso de perlitas, sacrificando mi mejor brazalete para los pasadores de diamantes. Mis amigas rabiaban por no tener otro Clown. Yo lo sacaba en carruaje, en el manguito o en el rincón de mi chaqueta, entre el brazo y el seno; y al lucir tan gracioso dije viviente, al ostentarlo como una niña ostenta una muñeca más cara que todas, me pavoneaba y me hinchaba de orgullo, sin pensar ni un instante en el olvidado...

El olvidado había procedido con la mayor dignidad, con la delicadeza más absoluta. Bastaríale mover una pataza para aplastar al rival intruso; pero se desdeñó hasta de ladrarle: tan mezquino enemigo no merecía los honores del ataque y de la protesta. Si se hubiese tratado de un perrazo..., ya Ivanhoe disputaría mi ternura a dentelladas. Ante aquel ser exiguo, Invanhoe comprendió que no le tocaba descender a ningún extremo celoso. Se abatió, encogió la cola, agachó la cabeza y, resignadamente, descendió a la cuadra, donde los cocheros se encargaron de cuidarlo.

—Ese perro era «un caballero» —interrumpió Isabel.

—Y yo..., «¡una infame!» —declaró amargamente Claudia—. Ivanhoe, solo, enfermo, abandonado entre gente grosera y estúpida... No me enteré sino cuando no había remedio... «Tiene la rabia mansa —me dijeron—, y aunque no hace daño ni muerde, habrá que pegarle un tiro».Sentí un golpe repentino en el corazón. Me escapé, me escurrí furtivamente hasta la cuadra, y me acerqué al montón de paja maloliente en que yacía tendido Ivanhoe. A mí voz entreabrió las pupilas y meneó débilmente la cola, como diciendo: «Gracias, soy tu amigo, soy aquel mismo, a pesar de todo...». Habían notado mi escapatoria y me arrancaron de allí deshecha en llanto, ahogada por los sollozos, convulsa; me encerraron en mi habitación, y a la media hora oí en el patio dos detonaciones de arma de fuego...

Claudia calló y apretó en silencio, enérgicamente, la mano de Isabel. Después de una pausa dijo sonriendo:

—Ivanhoe me perdonó, porque en él no cabía otra cosa. ¡Quien no me ha perdonado ha sido el Destino..., el gran vengador! No me ha traído suerte la infidelidad... El que a hierro mata...

El Liberal, 6 marzo 1898.

De vieja raza

A cada salto de la carreta en los baches de las calles enlodadas y sucias, las sentencias a muerte se estremecían y cruzaban largas miradas de infinito terror. Sí, preciso es confesarlo: las infelices mujeres no querían que las degollasen. Aunque por entonces se ejercitaba una especie de gimnasia estoica y se aprendía a sonreír y hasta lucir el ingenio soltando agudezas frente a la guillotina, en esto, como en todo, las provincias se quedaban atrasadas de moda, y los que presentaban su cabeza al verdugo en aquella ciudad de Poitou no solían hacerlo con el elegante desdén de los de la «hornada» parisiense. Además, las víctimas hacinadas en la carreta no se contaban en el número de las viriles amazonas del ejército de Lescure, ni habían galopado trabuco en bandolera con las partidas del Gars y de Cathelineau. Señoras pacíficas sorprendidas en sus castillos hereditarios por la revolución y la guerra, briznas de paja arrebatadas por el torrente, no se daban cuenta exacta de por qué era preciso beber tan amargo cáliz. Ellas ¿qué habían hecho? Nacer en una clase social determinada. Ser aristócratas, como se decía entonces. Nada más. Los cuatro cuarteles de su escudo las empujaban al cadalso. No lo encontraban justo. No comprendían. Eran «sospechosas», al decir del tribunal; «malas patriotas». ¿Por qué? Ellas deseaban a su patria toda clase de bienes: jamás habían conspirado. No entendían de política. ¡Y dentro de un cuarto de hora...!

Cinco mujeres iban en la carreta: dos hermanas solteronas, viejísimas, las que mayor resignación demostraban en el trance; una dama como de treinta años, esposa de un guerrillero, separada de él desde el mismo día de sus bodas, que no le había visto nunca más porque no podía sufrirle, y pagaba ahora el delito de llevar tal nombre; una viuda, la condesa de L'Hermine, y su hija Ivona, criatura de dieciocho años, de primaveral frescura y perfecta belleza. Bajo el gorrillo o cofia de blancos vuelos, el pelo suelto y rubio de la niña se escapaba formando aureola a la cara cubierta de mortal palidez, y en que las pupilas color de violeta y los cárdenos labios parecían toques de sombra sepulcral. Las manos, atadas atrás, temblaban, los dientes castañeteaban; doblábase desmayado el cuerpo.

Sin embargo, desde la mitad del camino, que era largo por encontrarse la prisión en las afueras de la ciudad y en el centro de la plaza, Ivona de L'Hermine, enderezándose, demostró inquietud nerviosa, delatora de una esperanza. Dos veces el oficial que mandaba la escolta de «azules» a caballo se había acercado a la carreta y murmurando al oído de Ivona algunas palabras, un cuchicheo. Tiñó el carmín las mejillas descoloridas de la doncella: no era el rubor de la modestia, ni el dulce sofoco de la pasión: no eran los sentimientos que en un alma joven despiertan las expresiones del amoroso rendimiento. Por más que el oficial fuese mozo y gallardo, Ivona no reparaba en su apuesta figura. Otra cosa encendía su rostro: la vida, la mágica vida, la vida que no había saboreado y que iba a perder. Al casi paralizado corazón acudían de nuevo la sangre, y los ojos de violeta recobraban su luz. ¡No morir!

Instintivamente, desde que Ivona oyó la primera frase balbuceada por el oficial, trató de desviar el rostro, evitando el de su madre. Esta, en cambio, clavaba en Ivona los ojos, fijos, ardientes, interrogadores. Ya a la salida de la cárcel pudo notar la impresión producida en el oficial por la hermosura de Ivona. La condesa no tenía ideas políticas; no le importaba Luis XVII martirizado en el Temple; mal de su grado se veía envuelta por los sucesos; deber la vida a un republicano no le parecía humillante. Se la debería gustosísima, aceptaría la de su hija; pero... ¿y la honra?

Por espacio de largos años, recluida en sus hacienda, lejos del mundo, solo había atendido la condesa a educar a Ivona con máximas de honestidad y de recato, cultivándola entre blancuras de azucena, fortificándola por el ejemplo de la más casta viudez. La corrupción de la corte espantaba a la condesa, y hasta había momentos en que recordaba a Luis XV, justificaba la revolución y la consideraba castigo divino, merecido y necesario. La fe y el culto supersticioso de aquella mujer no eran la monarquía ni el antiguo régimen, sino la pureza, la religión del armiño que llevaba en su título nobiliario y en la empresa de su blasón. Y al observar cómo el oficial devoraba con la mirada a Ivona, al ver que deslizaba en su oído palabras que la reanimaban instantáneamente, pensó para sí: «Quiere salvarla. ¿A ella sola? ¿A qué precio?».

Increíble parece que una idea triunfe del horror que nos domina, al ver abierta la negra boca del no ser, las fauces de la eternidad. La condesa, en tan decisivos momentos, olvidando el miedo, solo pensaba en Ivona ultrajada, mancillada, llevada por el oficial a su pabellón como una mujerzuela, después de que la hubiese arrebatado al patíbulo. Y no cabía duda: la niña aceptaba el trato: quizá su inocencia ignorase las condiciones; pero lo admitía: era vivir, era evitar el amargo trance. Mientras la indignación hervía en el alma de la madre, la hija volvía la cabeza para buscar con sus ojos, antes amortiguados, resplandecientes ahora, suplicantes, agradecidos, al jefe de la escolta, que le dirigía una sonrisa tranquilizadora, de inteligencia... Y ya llegaban; todo iba a consumarse; la carreta empezaba a abrirse paso difícilmente por entre las oleadas de la multitud que llenaba la plaza, en

cuyo centro, siniestra, y rígida silueta, se alzaba la guillotina, recogiendo un rayo de Sol en su cuchilla de acero...
Al detenerse la carreta, los soldados, atentos a una orden del oficial, hicieron bajar a la condesa y a Ivona. Quedaron las demás sentenciadas dentro, aguardando su turno: rezando las viejas, la esposa del guerrillero renegando de su suerte y pidiendo compasión. La condesa advirtió que la llevaban a ella primero y que su hija quedaba como rezagada al pie de la escalera, medio perdida ya entre el gentío. El hielo del espanto, el estremecimiento que la vista del patíbulo había derramado en sus venas, provocando un sudor frío instantáneo, se convirtieron en una especie de furor silencioso, de desesperada vergüenza. Ya veía los dedos del oficial desordenando los rizos rubios de Ivona, y la imagen sensible, la representación de la afrenta era más cruel y más amarga que la del suplicio. «No lo conseguirán», decidió con resolución terrible. Acordóse de que por descuido o transigencia le habían dejado desatadas las manos. Como si quisiese confortarse el corazón, deslizó la mano por la abertura del su corpiño. Algo sacó oculto en el hueco de la mano. Y cuando el verdugo se acercó a sostenerla para que subiese los peldaños de la escalerilla, en rápida confidencia le dijo no se sabe qué, deslizándole en la diestra un puñado de oro. Se ignorará lo que dijo..., pero, por los resultados, se adivina.
Sucedió una cosa que al pronto no acertaron a explicarse los que presenciaban la escena tristísima, y en aquellos tiempos ya casi indiferente a fuerza de ser habitual. Y fue que el verdugo, retrocediendo, cogió brutalmente a la señorita de L'Hermine por el talle, por donde pudo, y en un segundo la empujó a la escalera, y a empellones la subió a la plataforma. La condesa la ayudaba, se hacía atrás, impulsaba también a su hija y la arrojaba a los brazos del ejecutor de la ley. Hízose tan rápidamente la maniobra, y era tal el olea-

je del pueblo, que rugía e insultaba, la confusión en que la escolta se había apelotonado, que cuando el oficial, atónito, se precipitó, quiso intervenir, Ivona caía en la báscula, y la media Luna se deslizaba mordiendo la garganta torneada, contraída por el espasmo del terror supremo, que ni gritar permite...

El verdugo agarró por los mechones largos y rubios la lívida cabeza de la niña, que destilaba sangre, y la presentó a los espectadores. Y la condesa de L'Hermine, al acercarse sin resistencia para recibir la misma muerte, pensaba con satisfacción heroica:

«¡Gracias que pude esconder en el pecho las monedas!»'
Blanco y Negro, núm. 509, 1901.

Benito de Palermo

Preguntáronle sus amigos al marqués de Bahama —riquísimo criollo conocido por su fausto, sus derroches y su aristocrática manía de defender la esclavitud— porqué singular capricho llevaba a su lado en el coche y sentaba a su mesa a cierto negrazo horrible, de lanuda testa y morros bestiales, y por contera siempre ebrio, siempre exhalando tufaradas de aguardiente, que no lograban encubrir el característico olorcillo de la Raza de Cam.

—Hay —le decían— negros graciosos, bien configurados, de dientes bonitos, de piel de ébano, de formas esculturales. Pero éste da grima. Más que negro es verde violeta; es una pesadilla.

Y el marqués, sonriendo, defendía a su negrazo con algunas frases de conmiseración indolente:

—¡Probrecillo! ¡Qué diantre!... Yo soy así.

Al cabo en una alegre cena donde se calentaron las cabezas, merced a que se bebió más champaña y más manzanilla y más licores de lo ordinario, y lo ordinario no era poco; viendo yo al marqués animado, decidor —en plata, algo chispo—, aproveché la ocasión de repetir la pregunta. ¿Por qué Benito de Palermo —así se llamaba el negrazo— gozaba de tan extraordinarias franquicias? Y el marqués, a quien le relucían los hermosos ojos negros, de pupila ancha, contestó sonriendo y señalando a Benito, que yacía bajo la mesa, completamente beodo:

—Por borracho, cabal; por borracho.

No logré que entonces se explicase más, Parecióme tan rara la causa de privanza de Benito como la privanza misma. De allí a dos días, paseando juntos, recordé al marqués su extraña contestación y él, arrojando el magnífico «recorte» que chupaba distraídamente, murmuró con entonación perezosa:

—Bueno; pues ya que solté esa prenda, diré lo que falta... Ahora se sabrá cómo si no es por la borrachera de Benito estoy yo muerto hace años, y de la muerte más horrorosa y cruel.

No ignora usted que me he educado en los Estados Unidos, y me aficioné a los viajes desde la niñez, porque allí el viajar se considera complemento de toda escogida educación. Antes de cumplir los veinticinco años había recorrido las principales ciudades de Francia, Inglaterra y Alemania; sabía cómo se vive en cada nación culta. En París, sobre todo, me había pasado inviernos enteros. Sin embargo, la monotonía de la civilización empezaba a causarme tedio, y me hurgaba el caprichillo de ver países menos cultos a la moderna. Dediqué unos meses a registrar la hermosa Italia, parando mucho en Roma y consagrando temporaditas a Florencia, Nápoles, Sicilia, Malta y Córcega. Y engolosinado ya —Italia siempre será un paraíso—, propúseme realizar al año siguiente otro delicioso viaje, el de Oriente: Grecia, Turquía y Palestina. Para venir a lo que importa de este cuento, lleguemos ya a Atenas, donde, por recomendaciones que llevaba, encontré excelente acogida en el cuerpo diplomático y en la corte, lo cual, y otra, cosa que añadiré contribuyó a que se prolongase mi estancia en la capital de Grecia bastante más de los que pensaba.

Es el caso que en una fonda magnífica de Florencia había yo visto, por espacio de pocas horas, a una hermosísima inglesa, la cual grabó en mi espíritu una impresión que no habían conseguido borrar el tiempo ni la distancia. Era de esas mujeres que no se olvidan porque a la belleza plástica incomparable, reunía una gracia, una viveza y una originalidad excéntrica y picante, que empeñaban en perseguirla y adorarla. El vulgo cree que todas las inglesas son sosas; pero yo le aseguro a usted que la que sale donosa vale por diez. Eva... (suponga usted que se llamaba así) era viuda, y viajaba con una dama de compañía, sin rumbo fijo a donde le llevaba su imaginación artística y fogosa. En los cortos momentos que conseguí hablarle, volvióme loco. No me atrevía a galantearla abiertamente, y solo con los ojos le revelé el efecto que en mí causaba.

Debo advertir que no me hizo maldito caso, que me toreó, y en una vuelta que di me encontré con que había desaparecido, sin que me fuese posible acertar con ella, por más que la busqué desalado al través de toda Italia.

Calcule usted mi sorpresa y mi emoción, cuando en el primer sarao a que asisto en la embajada inglesa en Atenas, me encuentro a Eva radiante de hermosura, divinamente prendida y dispuesta a valsar. Excuso decir que inmediatamente me dediqué a cortejarla y a fuerza de atenciones logré algunas ligeras señales de complacencia, pequeños indicios de que no le era desagradable mi persona. Sin embargo, en los saraos sucesivos, y en todos los lugares donde yo procuraba encontrarme con Eva y acompañarla, noté cuán difícil era ganar terreno en aquel corazón caprichoso y rebelde. Eva me desesperaba con sus coqueterías y sus arrechuchos; nunca estaba yo seguro de llegar a vencerla; si me veía alegre me quería triste; y si yo decía negro, ella respondía blanco. Creo que este sistema me trastornaba más, y ya me encontraba a punto de darme a todos los demonios, cuando...

—Pero —interrumpí— lo que no sale a relucir es Benito de Palermo; y confieso que Benito me importa más que la hermosa Eva.

—Cachaza, ya llegaremos a Benito —respondió, sonriendo, el marqués—. Iba a decir que por entonces fue cuando parte de la colonia inglesa que se encontraba en Atenas dispuso organizar una excursión a caballo y en coche, con objeto de visitar la célebre llanura de Maratón.

—¡Ah! —exclamé estremeciéndome involuntariamente—. ¡Ya sé, ya sé! ¡Con que lo tocó a usted ese chinazo! ¡Qué cosa tan horrible!

—Veo que recuerda usted el episodio. ¿No es para olvidarlo, no! Toda la Prensa europea habló de eso detenidamente, publicando grabados, retratos y por menores, día por día. Pues sepa usted que la expedición se combinó en la embajada entre un rigodón y un vals de Strauss. La colonia acogió la idea con fruición y entusiasmo; las mujeres, sobre todo, estaban alborotadísimas. Pero yo, que había conversado largamente con palikaros, intérpretes y comerciantes judíos, recordé las noticias que me habían dado sobre una gavilla de bandoleros que infestaba las inmediaciones de Atenas, y cuyo número, arrojo y sanguinarias costumbres eran motivo suficiente para alarmarse y reflexionar. Emití un dictamen de prudencia, indicando que convendría, o llevar numerosa y bien armada escolta, o renunciar al proyecto. Y entonces adquirí la persuasión de que todos los ingleses tienen vena. Lord*** y los demás, que formaron parte de la fatal expedición, sonrieron desdeñosamente cuando les hablé de peligros; y a aquella sonrisa, que ya me encendió la sangre, correspondió Eva con algunas frases tan secas y burlonas, que me restallaron como latigazos sobre las mejillas. Vino a decir que el que no se sintiese con ánimos para arrostrar el riesgo haría mucho mejor en quedarse, pues las inglesas no quieren compañía sino de gente resuelta, capaz de no achicarse ante los bandidos, caso de haberlos, que eso estaba por ver. El que recuerde los veintiséis años que yo tenía y lo enamorado que andaba de Eva comprenderá que me propuse formar parte de la expedición, aunque supusiese que nos acechaban todos los salteadores del mundo. ¡Ir con Eva de viaje! ¡Galopar a su lado! ¡Qué felicidad! Y ella, al conocer mi propósito, giró como una veletita me sonrió, y estuvo conmigo insinuante, coqueta, hasta mimosa. La excursión quedó fijada para la mañana siguiente; al despuntar el día nos reuniríamos en un punto dado, fuera de las murallas de Atenas llevando cada cual o coche o caballo, provisiones y armas. De los guías se encargaba Lord***.

Aquí aparece Benito de Palermo; no se impaciente usted, que ya sale el figurón. Nacido en casa de mis padres, yo le llevaba conmigo como quien lleva un perro de lanas, porque la verdad es que no me servía para maldita la cosa, pues siempre ha sido torpón y desidioso. Escondiéndole la bebida, aún se lograba hacer carrera de él, pero en cuanto lo cataba, un cepo, una piedra. En Atenas a fuerza de prohibir yo en el hotel que le diesen a probar ni vino ni alcohólicos, íbamos saliendo del paso. Al regresar de la embajada, la víspera de la excursión, llamo al bueno de Benito, y le doy órdenes y las llaves, y le encargo repetidamente que al rayar el día tenga mi caballo ensillado y preparadas mis armas, y me despierte aunque sea a trompicones; hecho lo cual me adormezco pensando en Eva.

Cuando abro los ojos, el Sol entra a torrentes en mi cuarto. Despavorido, me echo de la cama y miro el reloj; marcaba las once. Grito como un insensato llamando a Benito. Benito no contesta. Salgo al cuarto del tocador, de allí al pasillo... y tropiezo con un bulto negro, una bestia que ronca...; es Benito, ¡Benito, más borracho que un pellejo! Comprendo instantáneamente... Dueño de mis llaves, había asaltado un armario donde yo guardaba, entre mis trastos, una cave a liqueurs, y a aquellas horas la cabalgata se encontraría cerca de Maratón, y yo sería para Eva el ser más despreciable y más ridículo.

Desde que estaba en el viejo continente, no había empleado el bejuco. Cegué, y arremetiendo contra el negro, le di tal soba, que volvió en sí llorando y gimiendo que le asesinaban. Cuando me harté de pegarle, pensé en ensillar el caballo y reunirme a la comitiva... Pero era preciso buscar guía, pues de otro modo, ¿cómo orientarme en la planicie? Y antes de que el guía pareciese, ya se divulgaba por Atenas la noticia espantosa; los bandoleros habían copado la expedición, cogiendo prisioneros a los expedicionarios, después de una heroica resistencia y de herir gravemente a alguno; las mujeres habían sufrido peor suerte, escarnecidas a la vista de sus maridos y hermanos, que, atados de pies y manos, no las podían defender... Ya supone usted cuál me quedaría, no he sufrido nunca impresión más atroz.

—Recuerdo el caso... Se llevaron a los ingleses, exigiendo un enorme rescate y amenazando con atormentarlos mientras el rescate no llegara... Si no me equivoco a Lord*** le fueron mechando y cortando en pedacitos: no hay idea de martirio semejante...

—¡Ea!, pues de eso me libré yo por estar Benito borracho perdido —afirmó el marqués, requiriendo la petaca—. Desde entonces le dejo beber lo que quiera... y el amo aquí es él.

—Según eso, ¿habrá usted comprendido que un hombre de color no es un perro?

—Claro que no. Los perros no se emborrachan nunca.

—¿Y Eva? ¿Sufrió el destino de las otras? Estaría muy bien empleado.

—¡Pues ahora caigo en que falta lo mejor! —exclamó el marqués—. Eva, por un antojito, porque no le gustaba su traje de amazona, también se había quedado en Atenas... ¡y si Benito me despierta y acierto a ir con la expedición, no solo pierdo la vida, sino los deliciosos ratos que debí a Eva después..., cuando ya se ablandó su corazón intrépido!

El Imparcial, 26 febrero, 1894, Arco Iris.

Ley natural

Voy a escribir una historieta de amores. A pesar de la ciencia, de la economía política, de la política contra la economía, de los problemas militares, de las huelgas y las manifestaciones, el amor conserva aún su atractivo pueril, su gracia patética o sonriente. Es el amor todavía un angélico revoltoso, salado y dulce, y el aire de sus rizadas alitas, durante las abrasadas siestas del verano, refresca las sienes de mucha gente moza. Fáltale al amor actualidad, pero le sobra eternidad. Mi cuento demostrará por millonésima vez, que el dominio del amor se extiende a todas las criaturas y que, según a porfía repiten poetas y autores dramáticos, no hay para el amor desigualdades sociales.

Llamábase mi heroína Muff, que en alemán quiere decir «manguito», y le pusieron tal nombre porque, en efecto, el fino pelaje que la revestía daba a su diminuto corpezuelo cierta semejanza con un manguito de rica piel gris. Dama hubo que se equivocó y echó mano a Muff, pero la dueña de la lindísima grifona intervino, exclamando:

—Cuidado... que salgo perdiendo yo. No hay manguitos de ese precio.

Verdad indiscutible, de las que se demuestran con cifras. Hasta dos mil francos puede costar un manguito si es de chinchilla de primera, y por Muff se pagaron al contado tres mil. Hoy las pieles han subido: me refiero a los precios de entonces. Todavía es preciso agregar al coste de Muff el importe de sus joyas; dos collares chien, de perlitas uno, otro de coral rosa con pasadores de diamantes, y un par de cascabeles de oro incrustado de rosas y zafiros, dije útil, pues revelaba con su tilinteo la presencia de Muff y la salvaba de morir aplastada de un pisotón. No omitamos tampoco en el presupuesto de Muff —nada ha que omitir, tratándose de presupuestos— el valor del elegante trousseau remitido de París, donde existen modistas y talleres especialmente dedicados a este ramo. Poseía Muff y lucía con frecuencia, según la estación, sus mantas acolchadas de terciopelo, raso y gro Pompadour, con bolsillito para el microscópico pañuelo perfumado de lilas blanc; sus botas de caucho o cabritilla, sus collarines de rizada pluma, y creo ocioso añadir que dormía en lecho de edredón con múltiples cojines bordados y blasonados.

¡Ah! Si las riquezas, la ostentación, el lujo, la vanidad, bastasen a los corazones sensibles, ¡quién más feliz que Muff! Era su existencia la realización de un cuento de hadas. Habitaba un palacio lleno de preciosidades artísticas; tenía a su servicio una doncella, diligente, cuidadosa y mimosa, la Paquita, que, después de bañar a Muff en agua tibia, frotarla con jabón exquisito, enjuagarla con suave lienzo y peinarla, hasta esponjar sus plateadas sedas, le servía en cuencos de porcelana golosinas selectas y, terminada la refacción, frotaba los dientecillos de su ama con un cepillo empapado en elixir, a fin de que tuviese el aliento balsámico, y fresca la boca. Si Muff salía, iba en coche, por supuesto, enganchado para ella expresamente; llevábanla al Retiro, y el lacayo, bajándola en el punto más solitario y de aire más puro la dejaba brincar y correr, hacer ejercicio higiénico, solazarse a su libertad. Tampoco faltaban a Muff satisfacciones de amor propio. Cuantos la veían, extasiábanse con la monada del manguito vivo y alababan el pelo argentado, los ojos negros, inmensos, medio velados por las revueltas sedas, el hociquito diminuto, semejante a un trufa, la jeta encantadora. Así y todo, entre tantos mimos y esplendores, andaba mustia la grifona, y a veces sus vastas pupilas expresaban nostálgica aspiración.

Cuando Dios creó a los seres allá en las frondas tupidas del Edén, clavóles adentro, muy adentro, en lo íntimo y profundo de la voluntad, un aguijón, un estímulo, especie de alfiler que sin cesar punza y se hinca y no consiente minuto de sosiego. Reclinada en sus fofos almohadones de seda, o agasajada en brazos del lacayo, acariciada por Paquita, o correteando por las sendas enarenadas del Retiro, Muff sentía la punta aguzada hincarse más honda. «No eres feliz, pobre Muff, te falta la sal de la vida, la esencia del licor», sugería el alfiler por medio de tenaces picaduras reiteradas; y Muff, en lánguida postura, con el hocico ladeado y una patita péndula, suspiraba, y al anhelar de su pecho, el cascabel de oro del collar hacía misterioso «tilín». Un sagaz observador comprendería al punto lo que le dolía a Muff; pero no supieron entenderlo sus poseedores, o no quisieron, si se da crédito a versiones que parecen autorizadas. En consejo de familia fue sentenciada Muff a ignorar eternamente las alegrías amorosas y las sublimes, pero arduas, faenas de la maternidad. Objeto de lujo, primoroso bibelot, no debía estropearse. Y al notarla melancólica, decía la Paquita, presentando tentador plato de dorados bizcochos:

—¡Anda, monina, tontina, no «pienses» en «eso»!

Un atardecer, al bajarse Muff de su coche en las umbrías del Retiro, vio que se acercaba a ella, muy brincador y animado, feísimo perrucho. Era un ruin gozquejo callejero, de esos que por turno mendigan y muerden, que rebuscan ávidamente piltrafas entre la basura y perecen estrangulados a manos de laceros municipales. Al ver al chucho, con su zalea amarillenta y sucia, el primer movimiento de Muff fue un remilgito desdeñoso. Violo el lacayo y atizó al gozque soberano puntapié, que le hizo exhalar un alarido doliente. La compasión reemplazó al desdén, y Muff corrió hacia el lastimado, deseosa de consolarlo.

Ya él volvía, sin miedo ni rencor, a rabisalsear en torno de Muff. Empezó el juego con amistosos ladridos, mordisquillos en chanza, hociqueos y otras manifestaciones expresivas e indiscretas de la cordialidad perruna. Los separaron, y Muff fue recogida a casa; pero al siguiente día, apenas descendió del coche, halló de nuevo al gozquecillo, alegre, insinuante, porfiado como él solo. Quiso la maliciosa casualidad que también el lacayo guardián de Muff tuviese un encuentro, el de su paisana la niñera Lucía, muchacha rubia de buen palmito. Mientras los dos paisanos pegaban la hebra, la aristocrática grifona y el can plebeyo se entendían gustosos. Quizá la sentimental perita confesó sus aspiraciones románticas y el vacío de su dorada esclavitud; acaso el pobrete apasionado de aquella beldad de alto coturno refirió sus luchas por la existencia, sus días de inanición, la vagancia, los palos recibidos, el poema de una miseria sufrida con estoico desprecio. Lo cierto es que, insensiblemente, aprovechando la distracción de su custodio, Muff se apartó del coche, y, guiada por el perrucho, perdióse entre las alamedas y macizos de árboles, en dirección a la salida del Retiro, hacia Atocha. ¡El seductor iba delante, enseñando el camino; Muff le seguía, intrépida, sin volver, el hocico atrás; y al rápido trotecillo de sus menudas patitas, tilinteaba suavemente, en ritmo musical, con una especie de emoción, el áureo cascabel, al cual enviaba corrientes de electricidad el corazón venturoso!

Todos los periódicos anuncian la pérdida de Muff. La gratificación ofrecida es cuantiosa. Muff, sin embargo, no aparece. ¿Qué ha sido del manguito viviente, del rebujo de argentadas sedas, entre las cuales lucen las negrísimas pupilas enormes? ¿Que hicieron de Muff la vida nómada, el abandono, la necesidad? ¿La robó un aficionado y no quiere restituirla? ¿Yace en la alcantarilla tiesa, helada, despojada de su collar y su cascabel de oro y piedras? ¿O, aceptando su humilde destino, ha dejado voluntariamente las galas de la riqueza, y, tiritando, acompaña a su esposo, ronda con él al amanecer y hoza en los montones de estiércol para engañar el hambre, el hambre, enemigo del amor, severo juez que, inflexible, lo castiga, verdugo que lo mata?

El Imparcial, 7 agosto 1899.

El comadrón

Era la noche más espantosa de todo el invierno. Silbaba el viento huracanado, tronchando el seco ramaje; desatábase la lluvia, y el granizo bombardeaba los vidrios. Así es que el comadrón, hundiéndose con delicia en la mullida cama, dijo confidencialmente a su esposa:
—Hoy me dejarán en paz. Dormiré sosegado hasta las nueve. ¿A qué loca se le va a ocurrir dar a luz con este tiempo tan fatal?

Desmintiendo los augurios del facultativo, hacia las cinco el viento amainó, se interrumpió el eterno «flac» de la lluvia, y un aura serena y dulce pareció entrar al través de los vidrios, con las primeras azuladas claridades del amanecer. Al mismo tiempo retumbaron en la puerta apresurados aldabonazos, los perros ladraron con frenesí, y el comadrón, refunfuñando se incorporó en el lecho aquel, tan caliente y tan fofo. ¡Vamos, milagro que un día le permitiesen vivir tranquilo! Y de seguro el lance ocurriría en el campo, lejos; habría que pisar barro y marcar niebla... A ver, medidas de abrigo, botas fuertes... ¡Condenada especie humana, y qué manía de no acabarse, qué tenacidad en reproducirse!

La criada, que subía anhelosa, dio las señas del cliente; un caballero respetable, muy embozado en capa oscura, chorreando agua y dando prisa. ¡Sin duda el padre de la parturienta! La mujer del comadrón, alma compasiva murmuró frases de lástima, y apuró a su marido. Este despachó el café, frío como hielo, se arrolló el tapabocas, se enfundó en el impermeable, agarró la caja de los instrumentos y bajó gruñendo y tiritando. El cliente esperaba ya, montado en blanca yegua. Cabalgó el comadrón su jacucho y emprendieron la caminata.

Apenas el Sol alumbró claramente, el comadrón miró al desconocido y quedó subyugado por su aspecto de majestad. Una frente ancha, unos ojos ardientes e imperiosos, una barba gris que ondeaba sobre el pecho, un aire indefinible de dignidad y tristeza, hacían imponente a aquel hombre. Con humildad involuntaria se decidió el comadrón a preguntar lo de costumbre: si la casa donde iban estaba próxima y si era primeriza la paciente. En pocas y bien medidas palabras respondió el desconocido que el castillo distaba mucho; que la mujer era primeriza, y el trance tan duro y difícil, que no creía posible salir de él. «Solo nos importa la criatura», añadió con energía, como el que da una orden para que se obedezca sin réplica. Pero el comadrón, persona compasiva y piadosa, formó el propósito de salvar a la madre, y picó al rocín, deseoso de llegar más pronto.

Anduvieron y anduvieron, patrullando las monturas en el barro pegajoso, cruzando bosques sin hoja, vadeando un río, salvando una montañita y no parando hasta un valle, donde los grisáceos torreones del castillo se destacaban con vigoroso y escueto dibujo. El comadrón, poseído de respeto inexplicable se apeó en el ancho patio de honor, y, guiado, por el desconocido, entró por una puertecilla lateral, directamente, a una cámara baja de la torre de Levante, donde, sobre una cama antigua, rica, yacía una bellísima mujer, descolorida e inmóvil. Al acercarse, observó el facultativo que aquella desdichada estaba muerta; y, sin conocerla se entristeció. ¡Es que era tan hermosa! Las hebras del pelo, tendido y ondeante, parecían marco dorado alrededor de una efigie de marfil; los labios color de violeta, flores marchitas; y los ojos entreabiertos y azules, dos piedras preciosas engastadas en el cerco de oro de las pestañas densas. La voz del desconocido resonó, firme y categórica:

—No haga usted caso de ese cadáver. Es preciso salvar a la criatura.

De mala gana se determinó el comadrón a cumplir los deberes de su oficio. Le parecía un crimen, aunque fuese con buen fin, lacerar aquel divino cuerpo. Obedeció, no obstante, porque el desconocido repetía con acento persuasivo, y terrible, tuteando al médico:

—No la respetes por hermosa. Está muerta, y nada muerto es hermoso sino en apariencia y por breves instantes. La realidad ahí es descomposición y sepulcro. ¡Nunca veneres lo que ha muerto! ¡Inclínate ante la vida!

Y de pronto, en el instante mismo en que el facultativo se disponía a emplear el acero, el extraño cliente le cogió la mano, susurrándole al oído:

—¡Cuidado! Conviene que sepas lo que haces. Ese seno que vas a abrir encierra no un ser humano, no una criatura, sino «una verdad». Fíjate bien. Te lo advierto. ¿Sabes lo que es «una verdad»? Una fiera suelta que puede acabar con nosotros, y acaso con el mundo. ¿Te atreves, ¡oh comadrón heroico!, a sacar a luz «una verdad»?

—El comadrón vaciló; el frío del instrumento que empuñaba se comunicaba a sus venas y a sus huesos. Castañeteaban sus dientes; temblaba de cobardía y de egoísmo. «¡Una verdad!» Ni hay tea que así incendie, ni rayo que así parta, ni torrente que así devaste, ni peste tan contagiosa. ¿Y quién le había de agradecer que cooperase al feliz nacimiento de una verdad? ¿Qué mayor delito para su mujer, sus amigos, su pueblo, su nación tal vez? ¿Qué crimen se paga tan caro? Quería arrojar el bisturí... Por último, la conciencia profesional triunfó. ¡El deber, el deber! No se podía dejar morir al engendro. Y después de una faena angustiosa, realizada con seguro pulso y mano certera, presentó al desconocido una criatura extraña y repugnante, una especie de escuerzo, de trazas ridículas, negruzco, flaco, informe.

—Este monigote no puede ser «una verdad» —exclamó, respirando a gusto, el facultativo.

—Porque es «verdad» te parece fea al nacer —declaró el desconocido, que miraba con transporte a la criatura—. Cuando las verdades nacen, horrorizan a los que las contemplan. Hasta que las abrigamos en nuestro pecho; hasta que les damos el calor de nuestra vida y el jugo de nuestra sangre; hasta que afirmamos su belleza como si existiese; hasta que nos cuestan mucho, no son hermosas. Esta, ya lo ves, ha acabado con su madre... ¡No se lleva impunemente en las entrañas una verdad! Y ahora la verdad queda huérfana; queda abandonada. Yo no he de ampararla. Obligaciones estrechas me llaman a otra parte. Soy el que anuncia, no el que protege y salva. ¿Quieres tú encargarte de la recién nacida? ¿Tienes valor? ¿Eres digno de proteger a la verdad?

Cuando así le interpelan, no hay hombre que no guste de fanfarronear un poco. En el alma se despierta la viril arrogancia, y responde al llamamiento como el corcel de batalla al toque penetrante del clarín. Hace la vanidad oficio de resolución, y por un instante es sincero el deseo de la gloriosa batalla y el ansia del sacrificio. El comadrón tendió los brazos, recibió en ellos al raquítico ser, y declaró gallardamente:

—Ya tiene padre.

El desconocido le echó una ojeada especial, seria, escrutadora, hondísima; ojeada de abismo abierto. ¿Reconvención o alabanza? ¿Duda o fe? Nunca se supo. Lo cierto es que el comadrón envolvió en paños blancos a la recién nacida; que comió pan y bebió vino, para reconfortarse; que ensilló otra vez su rocín, y con la criatura en brazos y tapada y agasajada, emprendió la vuelta.

Declinaba la tarde; los rayos oblicuos del Sol eran como miradas de severos ojos, nublados por el desengaño y enrojecidos por la indignación secreta. Las aves callaban, las pocas aves que se ven en los últimos meses del invierno; pero no tardaría el mochuelo en exhalar su queja ronca, porque ya se acercaba la mala consejera: la noche.

Y el comadrón, sin dejar de apurar a su montura, pensaba en la llegada. ¡Presentarse así, llevando en brazos un crío! ¡Si al menos fuese un angelito, una monada, una manteca con hoyuelos, una peloncita rubia y sedosa, dispuesta a encresparse en sortijillas! ¡Pero aquel monstruo! Desvió los paños, contempló a la criatura... Ya no estaba amoratada. Respiraba bien. Parecía más fuerte y más grande. Entre sus labios lucían, ¡qué asombro!, cuatro blancos dientes. ¡Qué robusta nacía la maldita! Y cual si quisiese demostrar el brío y el ansia vital con que salía al mundo, la recién nacida buscó el dedo del comadrón y lo mordió. Después rompió a llorar, con llanto vehemente, ávido, que aturdía.

El comadrón sintió impaciencia y enojo. ¿De qué manera acallaría el grito de la verdad, ese grito tan molesto, capaz de atraer a los malhechores? Tapar la boca... Primero apoyó la palma de la mano; después furioso, porque seguía el escándalo, envolvió la cabeza de la criatura en la vuelta del impermeable; y, por último, apretó, apretó, hasta que lentamente se apagaron los quejidos... Cayó la noche; llegó el momento de vadear el río; y como la criatura, silenciosa ya, estorbaba en brazos, el comadrón desenvolvió el abrigo, cogió el cuerpo, lo balanceó y lo arrojó a la corriente.

El Imparcial, 2 de abril 1900.

El voto de Rosiña

Si hay luchas electorales reñidas y encarnizadas, ninguna como la que presenció en el memorable año de 18... el distrito de Palizás (no se busque en ningún mapa). Digo que la presenció, y digo mal, porque, en efecto, la representó a lo vivo, y aún, con mayor exactitud, la padeció, sangró de ella por todas las venas. Cuando obtuvo la victoria el candidato ministerial, hecho trizas quedó el distrito. Piérdese la cuenta de los atropellos, desafueros, barrabasadas, iniquidades y trapisondas que costó «sacar» al joven Sixto Dávila, protegido a capa y espada por el ministro, pero combatido a degüello por el señor don Francisco Javier Magnabreva, conspicuo personaje de la anterior situación.

Sixto Dávila, muchacho simpático y ambiciosillo, había aceptado aquel distrito de batalla..., entre varias razones de peso, porque no le daban otro; y contando con su actividad y denuedo, impulsado por las brisas favorables que siempre soplan en la juventud —ya se sabe que no es amiga de viejos la señora Fortuna—, se propuso trabajar la elección, estar en todo y no perder ripio. A caballo desde las cinco de la mañana hasta las altas horas de la noche; ayunando al traspaso o comiendo lo que saltaba; descabezando una siesta cuando podía; afrentando con su intacto capital de salud y vigor los reumatismos y la apoltronada pachorra de su contrincante, Sixto incubó su acta hasta sacarla del cascarón vivita y en regular estado de limpieza.

No fueron únicamente energías físicas las que derrochó el mozo candidato. También hizo despilfarros oportunos de frases amables, persuasivas y discretas. Con un instinto y una habilidad que presagiaban brillante porvenir, Sixto Dávila supo decir a cada cual lo que más podía gustarle, y se captó amigos gastando esa moneda que el aire acuña: la palabra.

Aunque la gente de Palizás es suspicaz y ladina y no se deja engatusar fácilmente, la labia de Sixto dio frutos, especialmente al dirigirse a una mitad del género humano que no entiende de política y obedece a las impresiones del corazón. Sabía el candidato ministerial presentar a los electores las doradas perspectivas y los horizontes risueños del favor y la influencia; pero se excedía a sí mismo al hablar a las mujeres, halagando su amor propio. Hay quien opina que Sixto, al desplegar tales recursos, no hacía sino practicar una asignatura que tenía muy cursada, y es posible que así fuese, lo cual en nada amengua el mérito del muchacho.

Como suele suceder a los grandes actores, que hasta sin querer están en escena, Sixto, durante su tournée electoral, solía gastar pólvora en salvas, regalando miel solo por regalar, sin miras interesadas y egoístas. Así, verbigracia, con Rosiña la tejedora. Era Rosiña una pobre huérfana; no pudiendo cultivar la tierra por falta de hombres en su casa, y reducida a sacar a pastar una vaca por las lindes, se ganaba la vida con un telar primitivo y rudo, teniendo el lino que ella misma tascaba y hasta hilaba pacientemente a la luz del candil en invierno. ¿Qué necesitaba Rosiña para subsistir? Un mendrugo de borona, un pote de coles, una manzana verde, una sardina salada, una taza de leche «presa»... Dios, que viste a los lirios del campo, más holgazanes que Rosiña, pues nos consta que no hilan ni tejen, había adornado a la humilde «tecelana» con una primavera en las mejillas y un apretado haz de rayos de Sol en la trenza doble que colgaba hasta sus caderas, y al pasar Sixto por delante de la choza y oír el runrún... del telar activo, y divisar a la laboriosa muchacha —aunque sabía perfectamente que no tenía padre, hermano, ni novio que pudiesen votarle—, se detuvo, se bajó del jaco, pidió agua «de la ferrada» o leche «de la vaquiña», bebió, alabó, agradeció y sostuvo con Rosa una plática que solo podrían narrar las ramas del cerezo que sombrea el arroyo más cercano.

Ocurrió este pequeño episodio dos días antes de que cierto formidable cacique, al servicio y devoción del señor de Magnabreva, se decidiese, desesperado ya, a jugar el todo por el todo, a fin de salvar la elección comprometidísima y a dos dedos de perderse irremisiblemente. Lo apurado del caso le sugería un supremo recurso, que el desalmado vacilaba en emplear, porque hay remedios heroicos que pueden ser funestos, sobre todo cuando no se administran desde las alturas del Poder... Más que el inminente triunfo de Sixto tentó al cacique la ciega confianza del joven candidato «No quiero ser cunero antipático, diputado impuesto, sino popular y querido», decía Sixto, gozándose en aparecer donde menos se contaba con él, en sorprender a sus partidarios con iniciativas propias. Esto decidió al enemigo. El golpe se tramó en una tabernucha, cuyo dueño era de los contrarios de Sixto; la taberna se alzaba al borde de la carretera, no lejos de la choza de Rosiña. Habíanse reunido allí los más ternes, los capaces de hacer una hombrada dejándose encausar después, seguros de que mano próvida y que alcanzaba muy lejos les había de mullir colchón para que no les doliese el porrazo. Uno de los conspiradores, conocido por varias siniestras fechorías, era radical: quería «dejar seco» a Sixto Dávila; otro proponía un secuestro; pero el cacique, prudente y cauto, emitió distinto parecer; nada de navajazos, nada de armas de fuego, que hacen ruido y alarman; nada de escopetas, ni siquiera de garrotes.

—Aquí lo que interesa es que se inutilice..., para la elección, vamos... para estos días; que no pueda menearse, porque... si sigue meneándose y apretando, ¡nos revienta! Tú,

Gallo —ordenó al primero—, me vas a traer hoy un carreto de arena fina de la mar... ¡que así como así, te hace falta para echar a la heredad del trigo! Tú... —mandó al dueño de la taberna— le dices a la mujer que amañe unos sacos de lienzo bien hechitos y larguitos y fuertes... Él ha de pasar por aquí mañana al anochecer, para ir a Doas, a casa del cura... ¡Y cuidado, muchos golpes en la espalda... pero a modo, a modo, como quien no hace daño...!

La mañana que siguió al conciliábulo, Rosiña fue llamada por la tabernera para que suministrase el lienzo, y cortase, y cogiese, y rellenase los sacos... Nadie desconfiaba de la rapaza, a quien la tabernera, además, encargó el mayor sigilo. «Son para hacerle unos cariños a un galopín, mujer...» Por alusiones e indiscreciones, Rosiña adivinó quién sería el acariciado; y temblando lo mismo que una vara verde, empezó su faena. La mano no acertaba a manejar la aguja, los ojos se nublaban. Demasiado sabía ella los «cariños» que con los sacos de arena se hacen. El que los recibe no dura mucho, no... Al pronto solo advierte gran postración, profundo decaimiento; queda molido, rendido, deseoso únicamente de extenderse en la cama pero sin dolor alguno, sin enfermedad; y pasan días, y no recobra el apetito, y palidece, y arroja sangre por la boca hasta que al fin... Y Rosiña veía al señorito guapo y llano y de palabreo tierno, que le había pedido agua de la «ferrada», tendido entre cuatro cirios, menos amarillos que su rostro...

Al anochecer, como Sixto, al galope de su caballejo se aproximase a la taberna, el jaco pegó un respingo, y el jinete vio surgir de pronto una mujer que se agarró a la brida con fuerza. Reconoció a Rosiña, la tejedora..., y sus primeras frases fueron alegres galanterías. Pero la moza, balbuciente de terror, pidió atención, refirió una historia... Sixto —después de vacilar un instante— echó pie a tierra y con el caballo del diestro, emparejando con Rosiña, guiado por ella, callados los dos, tomó a campo traviesa en busca de un sendero oculto por los árboles. Para volver atrás era tarde, y seguir adelante, una temeridad insensata. Su vida peligraba, y con horrible peligro... «No tenga miedo, señorito, que en mi casa no le buscan», advirtió la moza, al disponerse a dar acomodo en el establo de su vaca a la montura del candidato.

En efecto, nadie le buscó allí; a la mañana la Guardia Civil, avisada por Rosiña le recogió y escoltó hasta dejarle en salvo. Y Sixto Dávila venció en toda línea; pero no sospecha nadie en Gobernación ni en los pasillos del Congreso que el triunfo se debió al voto de Rosiña, la tejedora.

Blanco y Negro, núm. 449, 1899.

Vivo retrato

Los sentimientos más nobles pueden pecar por exceso; lo malo es que esta verdad a duras penas la aprende el corazón..., y la razón sirve de poco en conflictos de orden sentimental. Oíd un caso..., no tan raro como parece.

Gonzalo de Acosta era modelo de hijos buenos, amantes, fanáticos. Huérfano de padre desde muy niño, se había criado en las faldas de su madre; ella le cuidó, le educó, le sacó al mundo; le formó, por decirlo así, a su imagen y semejanza. Entró en la vida Gonzalo dominado por una convicción arraigadísima: la de que todas las mujeres pueden ser débiles y falsas, salvo la que nos llevó en su seno. Lo que ayudaba a confirmar a Gonzalo en su idolatría filial era la aprobación, la simpatía de la gente. Por el hecho de respetar a su madre, el mundo le respetaba a él, y las niñas casaderas le ponían azucarado gesto, y las mamás le sonreían con más benevolencia. Cuando pasaba por la calle llevando a su madre del brazo, una atmósfera de aprobación y de consideración halagadora le acariciaba suavemente.

A la edad en que se asimilan los elementos de cultura y se forma el criterio propio, Gonzalo, a pesar de sus dudas sobre ciertas materias arduas, se mantuvo en buen terreno, confesando que lo hacía principalmente por no desconsolar y escandalizar a su santa madre. Con ella oía misa muchas veces; por ella llevaba al cuello un escapulario de los Dolores; y hasta cuando ella no estaba presente, por ella hacía Gonzalo, sin analizarlas, mil graciosas y dulces niñerías.

Frisaba ya Gonzalo en los veintiocho, y su madre comenzó a insinuarle que pensase en bodas. La casualidad le hizo conocer entonces a una señorita hermosa, discreta, bien educada, rica; un fénix que ni escogido con la mano. La misma madre de Gonzalo fue quien le obligó a observar las perfecciones de Casilda y le sugirió pretenderla. Casilda aceptó con franca alegría y expansión los obsequios de Gonzalo, y a los seis meses de conocerse los futuros, bendijo la iglesia su matrimonio.

En una de esas largas y trascendentales conversaciones que se entretejen durante el primer cuarto de la Luna de miel, y que tanto descubren los caracteres y los pensamientos. Gonzalo habló largamente de su madre y del puesto que ocupaba en sus afectos y en su existencia. Casilda escuchaba, primero sonriente, después reflexiva y grave. Impulsado por la plenitud del corazón, Gonzalo confesó que había pretendido a Casilda atendiendo a las indicaciones maternales, y que por eso mismo creía segura la dicha, puesto que en su madre no cabía error. Al oír esto relampaguearon los preciosos ojos de Casilda; y apartando el brazo con que rodeaba el cuello de su esposo, dijo firmemente estas o parecidas razones:

—Has hecho mal en todo eso, Gonzalo; muy mal. No he de limitar el cariño que tu madre te inspira; pero creo que no te es lícito quererla más que a mí, y que en algo tan personal y tan íntimo como el lazo de unión entre esposos, la iniciativa no puede ser ajena, sino propia. A los padres no les escogemos; pero al que hemos de amar toda la vida, el dueño de nuestro albedrío, es un rey electivo, y somos responsables de la elección. Por lo que veo, tú no me elegiste. Para tu modo de entender el matrimonio, debiste buscar siquiera una niña apática, que se contentase con un amor reflejo de otro amor; yo soy una mujer que sabe amar y exige el pago; que quiere ser honrada y aspira a encontrar en su esposo toda la felicidad a que tiene derecho. Lo absurdo de tu modo de sentir engendra en mí otro absurdo semejante, y es que de hoy más sentiré celos de tu madre, celos del alma..., y ya no viviremos en paz nunca; lo conozco, porque me conozco.

Gonzalo, aunque sorprendido, no dio gran importancia a las expansiones de su mujer. Con halagos y ternezas probó a calmarla, y se creyó victorioso así que reconquistó el brazo de Casilda, aquel que se había desviado de su cuello. Pero un brazo no es un alma.

Desde el instante funesto, la Luna de miel tuvo velo de nubes. No tardó en ver Gonzalo que Casilda buscaba las distracciones, la sociedad y el bullicio, como si quisiese aturdirse o explorase horizontes nuevos. Poco a poco, Gonzalo, en su pesimismo, comenzó a dudar, primero del cariño, y después, de la fidelidad de Casilda. Herido, ulcerado, rebosando humillación, fue a refugiarse en el único sitio donde creía poder desahogar sus penas: el seno de su madre. Y al abrazarla y al bañarle el rostro de lágrimas ardientes, exclamaba el hijo: «No hay más mujer buena que tú, mamá. Debí no repartir mi amor; debí conservarlo para ti sola. Perdóname y vivamos como si nada hubiese sucedido». En efecto, aquel mismo día se separaron los esposos. Casilda se fue a vivir a París.

De allí a un año o poco más recibió Gonzalo dos golpes terribles. Perdió a su madre... y supo que Casilda tenía una niña, nacida a los seis meses de la separación.

Pasado el primer estupor, una claridad repentina iluminó su espíritu haciéndole ver todo de distinta manera que antes. La muerte de su madre, le enseñaba cómo el amor filial, con ser tan puro y tan sagrado, no puede, por su esencia misma, acompañarnos hasta el sepulcro, de suerte que la «compañera» es únicamente la esposa; y el nacimiento de aquella niña le decía a las claras que el amor es antorcha que las generaciones se transmiten de mano en mano, y el que nos dieron nuestras madres se lo restituimos a nuestros hijos después.

Lo tremendo de la situación de Gonzalo consistía en que, a pesar de la agitación y la emoción profundísima que el nacimiento de la niña le causaba, su desconfianza mortal y las apariencias de última hora no le permitían creer que fuese realmente su sangre. Le enloquecía la idea de paternidad representada por aquella niña; pero faltábale la fe, primera virtud del padre, base de su felicidad inmensa. El silencio de Casilda, el tiempo que iba transcurriendo sin nuevas de París, ayudaron al convencimiento amargo y vergonzoso de Gonzalo. Solo, dolorido, misántropo, fue dejando correr su edad viril entre desabridas diversiones y trasnochadas aventuras.

Hacía quince años que arrastraba vivir tan intolerable, cuando una noche, en el teatro de la Comedia, mirando por casualidad a un palco entresuelo, se creyó víctima de un error de los sentidos: tal vuelco dio su sangre, viendo a la muchacha encantadora que acababa de dejar los gemelos sobre el antepecho y se inclinaba para mirar hacia las butacas, sonriente. La muchacha era el retrato vivo, animado, de la madre de Gonzalo, tal cual la representaba precioso lienzo de Madrazo, con la frescura de la primera juventud. Si la figura se hubiese bajado del cuadro, no podía ser más asombrosa la semejanza, ayudaba por el parecido de la moda actual con la moda de 1830. Trémulo, espantado, al mismo tiempo que frenético de alegría, Gonzalo entrevió, en el asiento de respeto del palco, otra cabeza de mujer que conoció, a pesar del estrago del tiempo transcurrido: su esposa Casilda. Y la conciencia de que aquella jovencita era su hija del corazón, le inundó como una ola que lo arrebata todo: dudas, penas, el pasado entero.

Habría que gastar muchas páginas en referir los pasos que dio Gonzalo, la suma de actividad que desplegó, para conseguir que le fuese permitido vivir cerca de la hija revelada y adorada en un minuto, el minuto divino de verla.

—¡Inútil esfuerzo, lucha estéril en que consumió sus últimas energías! Una carta decisiva, escrita por Casilda algunas horas antes de regresar a Francia, decía, sobre poco más o menos, lo siguiente: «Nuestra hija me quiere a mí como tú quisiste a tu madre. Si la separas de mí no lo resitirá. Es tarde para todo: resígnate, como yo me resigné en otra edad más difícil. Lo único que me dejaste es la niña: no la cedo».

Y Gonzalo, mordiendo de dolor el pañuelo con que enjugaba sus ojos, murmuró:

—Es justo.

El Liberal, 23 octubre 1893.

El décimo

¿La historia de mi boda?
Oiganla ustedes; no deja de ser rara.
Una escuálida chiquilla de pelo greñoso, de raído mantón, fue la que me vendió el décimo de billete de lotería, a la puerta de un café a las altas horas de la noche. Le di de prima una enorme cantidad, un duro. ¡Con qué humilde y graciosa sonrisa recompensó mi largueza!

—Se lleva usted la suerte, señorito —afirmó con la insinuante y clara pronunciación de las muchachas del pueblo de Madrid.

—¿Estás segura? —le pregunté, en broma, mientras deslizaba el décimo en el bolsillo del gabán entretelado y subía la chalina de seda que me servía de tapabocas, a fin de preservarme de las pulmonías que auguraba el remusguillo barbero de diciembre.

—¡Vaya si estoy segura! Como que el décimo ese se lo lleva usted por no tener yo cuartos, señorito. El número... ya lo mirará usted cuando salga... es el mil cuatrocientos veinte; los años que tengo, catorce, y los días del mes que tengo sobre los años, veinte justos. Ya ve si compraría yo todo el billete.

—Pues, hija —respondí echándomelas de generoso, con la tranquilidad del jugador empedernido que sabe que no le ha caído jamás ni una aproximación, ni un mal reintegro—, no te apures: si el billete saca premio..., la mitad del décimo, para ti. Jugamos a medias.

Una alegría loca se pintó en las demacradas facciones de la billetera, y con la fe más absoluta, agarrándome una manga, exclamó:

—¡Señorito! Por su padre y por su madre, déme su nombre y las señas de su casa. Yo sé que de aquí a cuatro días cobramos.

Un tanto arrepentido ya, le dije como me llamo y donde vivía; y diez minutos después, al subir a buen paso por la Puerta del Sol a la calle de la Montera, ni recordaba el incidente.

Pasados cuatro días, estando en la cama, oí vocear «la lista grande». Despaché a mi criado a que la comprase, y cuando me la subió, mis ojos tropezaron inmediatamente con la cifra del premio gordo: creía soñar; no soñaba; allí decía realmente 1.420... mi décimo, la edad de la billetera, ¡la suerte para ella y para mí! Eran muchos miles de duros lo que representaban aquellos benditos guarismos, y un deslumbramiento me asaltó al levantarme, mientras mis piernas flaqueaban y un sudor ligero enfriaba mis sienes. Hágame justicia el lector: no se me ocurrió renegar de mi ofrecimiento... La chiquilla me había traído la suerte, había sido mi «mascota»... Era una asociación en que yo solo figuraba como socio industrial. Nada más Justo que partir las ganancias.

Al punto deseé sentir en los dedos el contacto del mágico papelito. Me acordaba bien: lo había guardado en el bolsillo exterior del gabán, por no desabrocharme, ¿Dónde estaba el gabán? ¡Ah!, allí colgado en la percha... A ver... Tienta de aquí, registra de acullá... Ni rastro del décimo.

Llamo al criado con furia, y le preguntó si ha sacudido el gabán por la ventana... ¡Ya lo creo que lo ha sacudido y vareado! Pero no ha visto caer nada de los bolsillos; nada absolutamente... Le miró a la cara; su rostro expresa veracidad y honradez. En cinco años que hace que está a mi servicio no le he cogido jamás en ningún gatuperio chico ni grande... Me sonrojo lo que se me ocurre, las amenazas, las injurias, las barbaridades que suben a mis labios.

Desesperado ya, enciendo una bujía, escudriño los rincones, desbarajo armarios, paso revista al cesto de los papeles viejos, interrogo a la canasta de la basura... Nada y nada; estoy solo con la fiebre de mis manos, las sequedad de mi amarga boca y la rabia de mi corazón.

A la tarde, cuando ya me había tendido sobre la cama a fumar, para ver de ir tragando y dirigiendo la decepción horrible, suena un campanillazo vivo y fuerte, oigo en la puerta discusión, alboroto, protestas de alguien que se empeña en entrar, y al punto veo ante mí a la billetera, que se arroja en mis brazos, gritando con muchas lágrimas:

—¡Señorito, señorito! ¿Lo ve usted? Hemos sacado el gordo.

¡Infeliz de mí! Creía haber pasado lo peor del disgusto, y me faltaba este cruel y afrentoso trance: tener que decir, balbuciendo como un criminal, que se había extraviado el billete, que no lo encontraba en parte alguna y que, por consecuencia, nada tenía que esperar de mí la pobre muchacha en, cuyos ojos negros, ariscos, temí ver relampaguear la duda y la desconfianza más infamatoria...

Pero la billetera alzándolos todavía húmedos me miró serenamente y dijo encogiéndose de hombros:

—¡Vaya por la Virgen! Señorito... no nacimos ni usted ni yo pa millonarios.

¿Cómo podía recompensar la confianza de aquella desinteresada criatura?

¿Cómo indemnizarla de lo que le debía, sí, de lo que le debía? Mi remordimiento y la convicción de mi grave responsabilidad pesaba sobre mí de tal suerte, que la traje a casa, la amparé, la eduqué y por último me casé con ella.

Lo más notable de esta historia es que he sido feliz.

Arco Iris, 1896.

La puñalada

Mucho se hablaba en el barrio de la modistilla y el carpintero.

Cada domingo se los veía salir juntos, tomar el tranvía, irse de paseo y volver tarde, de bracete, muy pegados, con ese paso ajustado y armonioso que solo llevan los amantes.

Formaban contraste vivo. Ella era una mujercita pequeña, de negros ojazos, de cintura delgada, de turgente pecho; él, un mocetón sano y fuerte, de aborrascados rizos, de hercúleos puños —un bruto laborioso y apasionado—. De su buen jornal sacaba lo indispensable para las atenciones más precisas; el resto lo invertía en finezas para su Claudia. Aunque tosco y mal hablado, sabía discurrir cosas galantes, obsequios bonitos. Hoy un imperdible, mañana un ramo, al otro día un lazo y un pañuelo. Claudia, mujer hasta la punta del pelo, coqueta, vanidosa, se moría por regalos. En el obrador de su maestra los lucía, causando dentera a sus compañeritas, que rabiaban por «un novio» como Onofre.

«Novio»... precisamente novio no se le podía llamar. Era difícil, no ya lo de las bendiciones sino hasta reunirse en una casa, una mesa y un lecho porque ¿y las madres? La de Onofre, vieja, impedida; además, un hermano chico, aprendiz, que no ganaba aún. Así y todo, Onofre se hubiese llevado a Claudia en triunfo a su hogar, si no es la madre de la modista, asistenta de oficio, más despabilada que un candil. Cuando en momentos de tierna expansión, Onofre insinuaba a Claudia algo de bodas..., o cosa para él equivalente, Claudia, respingando, contestaba de enojo y susto:

—¿Estás bebido? Hijo, ¿y mi madre? ¿La suelto en el arroyo como a un perro? Con la triste peseta que ella se gana un día no y otro tampoco, ¿va a comer pan si yo le falto? Déjate de eso, vamos... ¡Que se te quite de la cabeza!

No se le quitaba. Pasar con Claudia ratos de violenta felicidad, era bueno; pero cuánto mejor sería tenerla siempre consigo, a toda hora, sin tapujos..., sin que pudiese la madre cortales las comunicaciones, como había hecho ya en momentos de enfado. Además, teniendo a Claudia a su vera, públicamente suya, tal vez se le curasen los celos. Los padecía en accesos de furor que trataba de ocultar. Claudia era una gran chica, con su aire de señorita, su talle, que un dependiente de comercio había llamado de palmera... y él, él, tan basto, tan encallecido, ¡que ni firmar sabía! Verdad que tenía fuerza en los brazos y calor en el alma..., y coraje para matarse con cualquiera; eso sí... ¿Bastaba?

Debía bastar, en ley de Dios; sino que ¡se ven tales cosas! Ya dos veces había observado Onofre un hecho extraño. Al rondar la casa de Claudia (aquella maldita casa tenía imán), veía en el portal a la madre, señá Dolores, secreteando con un caballero muy bien portado de gabán de pieles. ¿Era figuración de Onofre? Al divisarle la vieja daba señales de inquietud y el señor se despedía atropelladamente. No importa, no se le despintaba; entre mil de su casta le conocería. Algo grueso, nariz de cotorra, patillas grises, ojos vivos... ¿Qué embuchado se traían? ¿Se trataba de Claudia? «Muy tonto soy —pensó Onofre—; pero, ¡Cristo!, el dedo en la boca no han de metérmelo».

Esto ocurrió hacia Pascua florida. Después de un invierno riguroso y tristón, la primavera desentumecía los cuerpos; los árboles echaban hojas y flores a granel, el Sol picaba y reía. El año anterior, ¡Onofre no lo olvidaba!, Claudia, al principiar el buen tiempo, había querido pasear todas las tardes, sin faltar una. Salían temprano, él del taller y ella del obrador, y se iban por ahí hasta las diez dadas. La convidaba a merendar, la hartaba de pájaros fritos y de fresilla. ¡Un despilfarro! Y este año apenas conseguía decidirla a vagabundear dos días por semana. Reacia andaba la chica. ¡Atención, Onofre!

—¿Quién te ha dado ese dije de oro? —preguntó de repente parándose en mitad de la calle, el carpintero a su compañera.

—¿De oro? Si es de dublé... —murmuró ella, azorada.

—A un hombre no se le miente, y si me vuelves a salir por dublé, te meto en casa de mi compadre el platero, y te abochorno la cara. ¡Oro con piedras! ¡Copones! ¿Se puede saber por qué has mentido?

—Verás —balbució Claudia—. Es que... por si te enfadabas... Tenía ahorrados unos cuartos... Lo compré de lance...

—¿Enfadarme yo? ¿Cuándo has visto que me mezcle en tus gastos hija? ¿Lo compraste? ¿Dónde? ¿A quién?

—Me lo vendió la corredora, la Chivita... ¿No la conoces tú? Es una con pelos en la barba...

Calló Onofre. Un relámpago de lucidez horrible acababa de cegarle. ¡Aquello era otro embuste! ¡Una fila de embustes! ¿Con que la Chivita? Él la encontraría aquella misma noche...

Pasaban por la plazuela de Santa Ana. Los árboles del jardín convidaban a descansar a su sombra, de poblados y de verdes que los tenía el abril. Risas de chiquillería, llamadas de niñeras se confundían con los trinos de los canarios y jilgueros «maestros» colgados en jaulas, a las puertas de las tiendas de pájaros y perros. Claudia se paró delante de una de estas tiendas; lo acostumbraba; le gustaban mucho los bichos. Hizo fiestas a un loro, a un gato de Angora, a un falderín, y se entretuvo más con las palomas. ¡Qué ricas! Las había moñudas, de cuello empavonado, de patas calzadas...

—¡Ay! —exclamó—. ¡Esa tiene sangre!... Está herida.

Era una paloma de la casta conocida por «de la puñalada». Sobre el buche, curvo y blanquísimo, un trozo rojo imitaba perfectamente la herida fresca.

—Le habrá dado un corte su palomo —dijo gravemente Onofre—. También los palomos serán capaces de barbaridades si otros les festejan la hembra.

Claudia apartó los ojos y se coloreó. El dicho de Onofre, sin tener nada de particular, le sonaba de un modo muy raro. ¡A saber si era la conciencia! No se tranquilizó, ni mucho menos, cuando Onofre insistió, poniéndose pesado, en regalarle aquella paloma de la cortadura. ¡Si no la podía cuidar; si no la podía mantener! Si apenas tenía tiempo de echar cordilla al gato! ¡Si faltaba jaula!

—También compro la jaula. No te apures. Hermosa, yo no te podré ofrecer de lo que vende Ansorena... pero vamos, ¡que una pobre paloma! ¿Me vas a desairar? ¿No quieres nada mío?

Hablaba en irritada voz. Claudia no se atrevió a negarse. Cargó Onofre con la jaula de mimbres y acompañó hasta su puerta a la muchacha. De allí, derecho, en busca de la corredora. La encontró luego; casualmente estaba en casa. Y sin duda el carpintero, en su interrogatorio, se clareó, descubrió lo que traía entre cejas..., porque la Chivita, avezada a tales indagatorias, imperturbable y con el tono más persuasivo contestó que sí, que ella había vendido a Claudia el dije.

—¿Que día? —insistió Onofre, tozudo.

—¡Ay hijo! ¡Pues no es usted poco curioso! Si una se fuese a acordar con tanto como vende...

—¿Qué costó? ¿Tampoco lo sabe?

—¡Jesús! Aunque me pidiese declaración el señor juez... Veremos si me acuerdo mañana...

Desde la escalera, volviéndose hacia la puerta mugrienta de la Chivita y cerrando los puños, el mocetón rugió entre dientes, con ira inmensa:

—¡Condenada de al...! ¡Todos conchabados para mentirme!...

De casa de la Chivita se fue Onofre a la taberna que encontró más a mano. Era sobrio; no le divertía achisparse. Solo que hay casos en que un hombre... Pidió aguardiente: lo que emborrachase lo más pronto. Necesitaba convertirse en cepo, no pensar hasta el otro día. Y echó copa tras copa; por fin, se quedó amodorrado, con la cabeza caída sobre la sucia mesa de la tasca.

A la mañana siguiente, a eso de las ocho, salía Claudia para ir como siempre, al obrador. Era la última vez; se despediría de la maestra, de las compañeras, de la labor, de los pinchazos en la yema del dedo. «Aquel señor» —el del dije, el de las grises patillas, las quería en su casa, a ella y a su madre, tratadas como reinas. La madre, ama de llaves...; la hija, ama... ¡de todo! Proposiciones así no se desechan. ¿Y Onofre?... En primer lugar, Onofre no sabía las señas del caballero. Hasta que las averiguase... Después... pasado tiempo... Onofre se resignaría. Así y todo, Claudia llevaba el corazón apretado. Miedo, miedo, un miedo invencible. Al entrar con la jaula de la paloma, señá Dolores había gritado alarmada: «Fuera con eso, mujer; si parece que tiene una puñalá de veras... ¡Vaya un regalo, la Virgen!» Y en sueños, revolviéndose en la estrecha cama, la puñalada sangrienta en el pecho blanco perseguía a Claudia. Le parecía que la herida estaba en su propio seno, y que la sangre, en hilos, manaba y empapaba lentamente las sábanas y el colchón. La pesadilla duró hasta el amanecer.

Ahora iba aprisa. Recogería el jornal, la almohadilla, los avíos, y «¡abur, señora!» ¡Aire! A descansar, a comer bien, a vestir seda, en vez de coserla para otras mujeres menos guapas. Claudia corría, deseosa de llegar. En la esquina, distraídamente, tropezó, resbaló, quiso incorporarse. Una mano ruda la sujetó al suelo; una hoja de cuchillo brilló sobre sus ojos, y se le hundió, como en blanda pasta, en el busto, cerca del corazón. Y el asesino, estúpido, quieto, no segundó el golpe —ni era necesario—. La sangre se extendía, formando un charco alrededor de la cabeza lívida, inclinada hacia el borde de la acera; y Onofre, cruzado de brazos, aguardaba a que le prendiesen, mirando cómo del charco se extendían arroyillos rojos, coagulados rápidamente.

El Imparcial, 4 de marzo 1901.

En el Santo

—¡Menudo embeleco! —había exclamado, colérica, la Manuela cuando Lucas ordenó a Sidoro que se pusiese la chaqueta para bajar a la pradera de San Isidro.

En cambio, Sidoro sintió palpitar de alegría su corazoncito de seis años, encogido por la constante aspereza del trato feroz que le daba su madrastra... o lo que fuese: la Manuela, mujerona con que ahora vivía Lucas. En la infancia, decir novedad y cambio es decir esperanza ilimitada y hermosa. ¡Bajar al Santo! ¿Quién sabe lo que el Santo guardaba en sus manos benditas para los niños sin madre, para los niños apaleados y hambrientos?

Loco de contento se incorporó Sidoro al grupo, si bien le agrió ya el primer gozo tener que cargar con un cestillo atestado de provisiones. Pesaba mucho, y Sidoro hubiese implorado que le aliviasen la carga, a no temer uno de los pellizcos de bruja, retorcidos y rabiosos, con que la Manuela le señalaba cardenal para medio mes. Suspirando, alzó el cestillo como pudo, y salieron calle de Toledo abajo, por entre olas de gentes, con un Sol capaz de freír magras, un Sol más canicular que primaveral.

Tragando el polvo que soliviantaban ómnibus, carricoches y simones, pasaron el puente de Toledo y llegaron al cerro, donde hervía más compacta la alegre multitud. Lucas habló de entrar a rezarle al Santo; pero la Manuela, levantando de un puntillón a Sidoro, que había caído empujado por el remolino y agobiado por el peso, renegó de la idea y prefirió comprar torrados, avellanas y rosquillas, y buscar donde merendar. La sed les resecaba el gaznate, y Lucas, portador de la colmada bota, notando su grata turgencia entre el brazo y las costillas, aprobó la determinación.

No fue fácil encontrar sitio conveniente a la sombra y cerca del río. Los rincones agradables andaban muy solicitados. Por fin, bastante tarde, descubrieron un ruin arbolillo, y se acomodaron al pie, forjándose la ilusión de que las ramas les abrigaban la cabeza. Sidoro, derrengado, soltó la cesta; Manuela fue sacando vituallas, y allí empezó el embaular y los besos a la del tinto. Lucas se acordó de echarle a su hijo un pedazo de tortilla y una hogaza, como quien echa un hueso a un cachorro; después... no pensaron más en la criatura; y como el vinazo y el hartazgo quitan la vergüenza, Lucas le tomó la cara a Manuela, allí mismo, sin pizca de reparo. Con torpes pies, por llevar tan calientes los cascos, la pareja rompió a andar hacia el cerro, donde era mayor el bullicio, y donde los tiovivos y los merenderos y barracones convidaban al jolgorio; el niño, al tratar de seguirlos, se halló detenido por un corro formado alrededor de un ciego coplero y guitarrista; y cuando quiso reunirse con su gente, incorporarse, encontróse solo entre la multitud, portador del cesto ya vacío y la bota floja y huera...

Se echó a llorar. Duros y malos como eran, aquel hombre y aquella mujer le amparaban. Se sintió abandonado, náufrago en un mar muy crespo, muy profundo y tormentoso. El gentío pasaba sin hacer caso del chiquillo: éste le empujaba, el otro le desviaba con lástima, y una mano pronta y desconocida le arrebató la boina de la cabeza... Nadie le preguntaba la causa de su llanto; ¡para eso estaban! Entre el infernal bureo de la romería, cualquiera atiende al llanto de un rapaz. El tecleo de los pianos mecánicos, el rasguear de los guitarros, los cantares de los beodos, los pregones de las rosquilleras, los mil ruidos que exhalan una muchedumbre apiñada, harta, jaranera, procaz, en plena juerga al aire libre, exasperada por el olor a aceite rancio de las buñolerías y el vaho tabernario de las barracas-bodegones, ahogaban los sollozos del niño, como la viviente oleada de la multitud envolvía y absorbía y arrastraba mecánicamente su cuerpo...

Por instinto, Sidoro se dejó llevar. Andando, andando, podría encontrar tal vez a la pareja, o ¿quién sabe?, al Santo en persona. Pues si en la romería no se encontraba al Santo, ¿a qué venía toda aquella gente? Y el Santo sería muy bueno, que para eso era Santo, y por eso le rezaban y le retrataban en figuritas de barro, y por eso los ángeles le ayudaban a arar. ¿Dónde estaba el Santo? Sidoro recordaba que Lucas, antes de buscar sitio para la merienda, había hablado de ir a la ermita. ¿Qué sería la ermita? De seguro, un sitio en que recogen y consuelan a los niños abandonados...

Mientras buscaba al glorioso labrador, Sidoro, a pesar suyo, miraba los puestos, los centenares de tinglados donde se exhiben y despachan los maravillosos pitos, que adornan rosetones de plata y florones de papel rojo, las efigies pintorreadas de esmeralda, cobalto y bermellón, las medallas y escapularios, la grosera loza, las figuritas de toreros y picadores, los monigotes con cabeza de ministros, los grupos de ratas, las caricaturas escatológicas, los jarros atestados de claveles de violento aroma, las hiladas de botijos bermejos y blancos, las apetitosas rosquillas, los puestos de avellaneros, con sus balanzas relucientes y sus sacos entreabiertos, rebosando, tentando a la mano del niño... Y aquella orgía de colorines fuertes y chillones, aquel vaivén incesante de la muchedumbre, aquellos sonidos discordantes, el sentirse impulsado, zarandeado, arrebatado como una paja por el torrente humano; la asfixiante atmósfera que respiraba, la desolación de su abandono, en vez de arrancar lágrimas a la criatura, secaron las que corrían de sus ojos y le produjeron una especie de embriaguez febril. Sin cuidarse de responsabilidades, abandonó la bota y el cestillo, y se dejó caer en tierra, a la puerta de un merendero donde bebían y cantaban canciones picantes, ininteligibles para Sidoro. Una moza, sofocada, sentada en el suelo, daba la teta a una criatura. Sidoro vio esta escena, el grupo siempre conmovedor y sagrado, y confusas reminiscencias, no de la memoria, sino de los sentidos y la sensibilidad, más concreta en la niñez, le recordaron que también a él le habían arrullado con palabras de azúcar y de delirio, las palabras inefables de la maternidad, y un rostro amado, un rostro que no podía olvidarse, surgió de entre la niebla del pasado... ¡pasado tan corto y tan reciente! Y entonces, una de esas penas sin límites que sufren los niños, cayó sobre el alma del huérfano.

En un instante, con el recuerdo del cariño y la ternura de su madre, a quien no había vuelto a ver nunca, Sidoro evocó las crueldades y desamor de la Manuela, y toda su carne tembló, pues no había en ella lugar donde las despiadadas uñas de la mujerona no hubiesen dejado rastro de tortura... Y la criatura, en su desconsuelo infinito, mientras la tarde caía y las luces de los puestos comenzaban a abrir su pupila de llama, se revolcó sobre el árido suelo, con muchas ganas de dormirse en un sueño largo, largo, largo, y despertarse al lado de su madre, o de San Isidro, o de alguien que tuviese entrañas para los pequeños y los débiles. A fuerza de aturdimiento, de cansancio, de calor, de susto, de tristeza, se quedó, efectivamente, dormido... Despertó porque le aporreaban y le tiraban del pelo a puñados. Era la Manuela, gritando enronquecida y furiosa.

—A este maldito sí le encontramos...; pero ¿y la bota nueva, y mi cestillo, y la servilleta, y el vaso que venían en él? ¡Condenao, verás en cuanto lleguemos a casa!

Santos Bueno

Hacía tiempo —muchos meses— que no le veía yo por ninguna parte: ni en la calle, ni en el Casino de la Amistad, ni en la Pecera, ni siquiera en la barriada nueva que se está construyendo. Porque Santos Bueno es de los que tienen afición a ver edificar y gustan de plantarse delante de los andamios con las manos a la espalda, diciendo sentenciosamente: «Estas sí que son vigas de recibo; no pandarán».

Extrañando tan largo eclipse, temiendo que Santos Bueno estuviese enfermo de cuidado, resolví buscarle en su casa, donde le encontré entregado a sus habituales tareas, apacible y afable como de costumbre.

—¿Qué es esto? ¿Se ha metido usted cartujo? ¿Es voto de clausura?

—No, señor...; ¡no, señor! —respondió sonriendo Santos—. Si yo salgo y me paseo. No parece sino que vivo encerrado.

—¿Que sale usted? Pues no le veo nunca.

—Porque salgo un poco tarde..., a las horas en que no hay gente.

—Esconderse se llama esa figura.

Volvió Santos a sonreír con aquella su indescriptible expresión enigmática, y dijo tranquilamente:

—Pues ha acertado usted. Hay ocasiones en que... se encuentra uno muy a gusto escondido.

Adiviné que bajo la teoría de las ventajas del escondite se ocultaba alguna crisis dolorosa de la vida de Santos Bueno.

Yo creía conocerle, y además sabía su historia y sus aspiraciones, como se saben en un pueblo pequeño las de cada hijo de vecino. Santos Bueno era un burgués modesto, sin grandes aspiraciones; ni pobre ni rico, poseía un capitalito, producto de la afortunada venta de unos bienes patrimoniales, lindantes con el prado de un indianete, que por tal circunstancia los había pagado a peso de oro.

Con estos caudales, Santos proyectaba realizar un sueño ya muy antiguo: construirse en las afueras de la ciudad una casita que tuviese jardín y vivir en ella sin emociones, pero sin desazones, cultivando legumbres y rosas. Es de advertir que la casita con jardín es la bella ilusión de los marinedinos.

No sé por qué se me vino a la imaginación que con aquellos dineros podrían relacionarse la actitud y el retraimiento de Santos, y movido de una curiosidad compasiva, le interrogué:

—¿Y esa casita, ese chalet, cuándo lo empezamos? ¿Me convida usted a café en el jardín para el día de su santo del año que viene?

Demudóse el rostro de Santos, y hasta se me figuró que en sus ojos temblaba el reflejo cristalino que indica que se humedecen...

—Ya no hago la casita —murmuró con abatimiento.

—¿Qué no la hace usted? ¿Cómo es eso? ¿Se ha jugado usted los capitales?

—Bien sabe usted que no me da por ahí...

—¿Pues qué ocurre? ¿Ha pensado usted en otra inversión? ¿Ha emprendido algún negocio?

—Si usted me promete no decir nada a nadie...

—Pierda usted cuidado, don Santos. La tumba es una cotorra comparada conmigo.

—Pues es el caso que..., que he... prestado... esa suma.

—¿Prestado? ¿Al cien por cien mensual? ¿Con garantía? ¡Ah usurero!

—Déjese de bromas, Garantía... Tengo la de la honradez de mi deudor.

—¡Ay pobre don Santos! ¿Quién me lo ha engañado?

—No, le advierto a usted que es persona que goza de excelente fama... Para ser franco: mi ánimo no era prestar, ni a ese ni a nadie. Me cogió desprevenido: no pude negarme; a él le constaba que tenía yo fondos. Vi un padre de familia en aprieto, en compromiso, en vergüenza..., me prometió amortizar cada mes... ¡En fin, que no tengo el corazón de bronce!

—¿Conque prestamitos a padres de familia pobres, pero bribones? ¿Y qué tal? ¿Amortiza? ¿Amortiza?

—Por ahora..., no.

—¿Cuántos meses han pasado?

—Seis..., es decir, hoy se cumplen siete...

—Y usted, después de haber hecho esa obra benéfica y desinteresada, ¿por que se esconde? Eso si que quisiera saberlo.

—Le diré... Son tonterías de mi carácter... ¡Rarezas...! Es que, hace algún tiempo, me encontré en la calle a mi deudor y le pedí..., vamos, con muy buenos modos..., que empezase a amortizar... lo que pudiese..., nada más que lo que pudiese... Y me contestó de una manera...; en fin, que me negó lo prometido, y casi, casi, me negó la deuda misma... Y desde entonces no salgo a la calle..., porque si me lo encuentro, me dará vergüenza y tendré que hacer como si no le viese. Sí, vergüenza... Porque es fea su acción, ¿verdad?

Sustitución

No hay nadie que no se haya visto en el caso de tener que dar, con suma precaución y en la forma que menos duela, una mala noticia. A mí me encomendaron por primera vez esta desagradable tarea cuando falleció repentinamente la viuda de Lasmarcas, única hermana de don Ambrosio Corchado.

Yo no conocía a don Ambrosio; en cambio, era uno de los tres o cuatro amigos fieles del difunto Lasmarcas, y que visitaban con asiduidad a su viuda, recibiendo siempre acogida franca y cariñosa. Las noches de invierno nos servía de asilo la salita de la señora, donde ardía un brasero bien pasado, y las dobles cortinas y las recias maderas no dejaban penetrar ni corrientes de aire ni el ruido de la lluvia. Instalado cada cual en el asiento y en el rincón que prefería, charlábamos animadamente hasta la hora de un té modesto y fino, con galletas y bollos hechos en casa, tal vez por razones de economía.

Nos sabía a gloria el té casero, y concluíamos la velada satisfechos y en paz, porque la viuda de Lasmarcas era una mujer de excelente trato, ni encogida, ni entremetida, ni maliciosa en extremo, ni neciamente cándida, y en cuanto amiga, segura y leal como, ¡ojalá!, fuesen todos los hombres. Al saber que había aparecido muerta en su cama, fulminada por un derrame seroso, sentimos el frío penetrante del «más allá», el estremecimiento que causa una ráfaga de aire glacial que nos azota el rostro al entrar en un panteón. ¡Así nos vamos, así se desvanece en un soplo nuestra vida, al parecer tan activa y tan llena de planes, de esperanzas y de tenaces intereses! Precisamente la noche anterior habíamos ido de tertulia a casa de la señora de Lasmarcas; aún nos parecía verla ofreciéndonos un trozo de bizcochada, que alababa asegurando ser receta dada por las monjas de la Anunciación...

Advertidos de la desgracia los amigos íntimos, se decidió que yo me encargaría de avisar al hermano de la difunta. Don Ambrosio Corchado no vivía en la misma ciudad que su hermana, sino a dos leguas, en una posesión de donde no salía jamás, y donde la viuda residía en la temporada de verano. Rico y poco sociable, don Ambrosio realizaba el tipo de solterón: no quería molestar al mundo, y menos toleraba que el mundo le molestase a él. A su manera, lo pasaba perfectamente, introduciendo mejoras en su finca, dirigiendo la labranza y cebando gallinas y cerdos. Es cuanto sabíamos de don Ambrosio. Para cumplir sin tardanza mi cometido, encargué un coche, y a los tres cuartos de hora lo tenía ante la puerta, con repique de cascabeles y traqueteo de ruedas chirriantes.

Entré en el desvencijado vehículo y tomamos la dirección de la finca. Era preciosa la mañana, vibrante, alegre, llena de Sol y luz, preludiando la primavera, que se acercaba ya. Reclinado en el fondo del birlocho, viendo desaparecer por la ventanilla el pintoresco paisaje, me entró, a pesar del buen tiempo y del aire puro y vivo, una dolorosa melancolía, una especie de aprensión y de timidez violenta.

El corazón se me encogió, pensando en lo que debía participar a don Ambrosio, y en cómo empezaría a hacerle paladear el trago para que sintiese menos su amargor. Me representaba con eficacia lo dramático del momento. Don Ambrosio no tenía otra hermana, ni más familia en el mundo. La señora de Lasmarcas no dejaba hijos que pudiese recoger su hermano y que alegrasen su solitaria vejez. ¡Una hermana! El ser a quien acompañamos desde la cuna; con quien hemos jugado de niños; ser que lleva nuestra sangre; que ha compartido nuestros primeros inocentes goces, nuestros primeros berrinches; que ha sido nuestro confidente, nuestro encubridor, que vio nuestras travesuras y se emocionó con nuestros amoríos infantiles; la mamá pequeña, la amiga natural, la cómplice desinteresada, la defensora. El que no conoce otro afecto; el que de todos los suyos conserva una hermana, ¡qué sentirá al saber que la ha perdido! Sin duda alguna, lo que el árbol cuando le hincan el hacha en mitad del tronco, cuando lo hienden y parten. Además, ¡era tan súbita la muerte! Tal vez don Ambrosio se había forjado mil veces la ilusión de que su hermana, más joven que él, le cerraría los ojos.

Estos pensamientos exaltaron mi imaginación, me causaron tan indefinible angustia, que al pararse el coche ante el portón de la finca llevaba yo los ojos humedecidos de lágrimas. Dominé mi debilidad, salté a tierra, y al preguntar por don Ambrosio a un hombre que igualaba la arena del patio, soltó él de muy buena gana el escardillo y me guió, pasando por hermosos jardines adornados con fuentes y por un huerto de frutales, a una pradería, donde varios gañanes trabajaban en segar hierba y amontonarla en carros, bajo la inspección de un vejete de antiparras azules y sombrero de paja. Era don Ambrosio en persona.

Me saludó con sorpresa, y al decirle que venía por un asunto de cierta importancia, mostró bastante amabilidad. Explicóme que el pradito aquel rendía todos los años más de treinta carros de hierba seca, que se vendía como pan bendito; y cediendo a la propensión de hablar solo de lo que se roza con preocupaciones del orden práctico, añadió que temía que viniese a llover, y activaba la faena a fin de recoger la hierba en buenas condiciones. Después me señaló a una esquina del prado, que cruzaba un limpio riachuelo, y me preguntó si creía la fuerza del agua suficiente para hacer mover un molino harinero que pensaba instalar allí. Su cara arrugadilla y su cascada voz adquirían gravedad al enunciar estos propósitos. Yo, entre tanto buscaba sitio por donde herirle; pero dos o tres insinuaciones acerca de la mala salud de la viuda no arrancaron más que un distraído «vaya, vaya». Entonces resolví apretar y entré en materia: venía precisamente porque la señora, algo enferma desde ayer...

—Sí, molestias del invierno, catarrillos —respondió maquinalmente.

Me sublevó la salida, y solté las dos palabras «enfermedad grave»... Al través de los azules vidrios noté que parpadeaba el viejo.

—¿Grave? Y el médico ¿qué dice?

—No hubo tiempo de consultarle... —exclamé—. Ya ve usted, las cosas repentinas...

—Pues que se consulte, que se consulte —repitió volviéndose para ver pasar un carro cargado a colmo—. ¡Eh —gritó dirigiéndose a los gañanes—, brutos, que se os cae la mitad de la hierba! ¡Sujetad bien la carga, por Cristo!

—¿No le digo a usted —interrumpí alzando también la voz— que no dio lugar a consultar nada? Fue de pronto..., la...

Se me atragantaba la palabra terrible; pero al fin la solté:
—¡La... la muerte!

Don Ambrosio hizo un movimiento hacia atrás. Sus vidrios azules centellearon al Sol, Titubeando murmuró:
—De manera... que... que...

—Que ha fallecido su hermana de usted, sí, señor; esta mañana se la encontraron cadáver... en la cama... Un derrame seroso.

El viejo guardó silencio, columpiando la cabeza. Después de una pausa, tosiqueó y dijo tranquilamente:

—¡Válgate Dios! Le llegó su hora a la pobre... Bueno; si hay cualquier dificultad para el entierro, que... que cuenten conmigo... Por poco más... ¿sabe usted?, que se haga todo con decencia... En cien duros arriba o abajo no deben ustedes reparar.

—¿No vendrá usted al funeral? —pregunté devorando al viejo con los ojos.

—Verá usted... Con el prado a medio segar y este tiempo tan a propósito..., imposible. ¡Bueno andaría esto si faltase yo! Mañana justamente viene el maestro de obras para tratar lo del molino... Hay que rumiar el contrato, porque si no esas gentes le pelan a uno. ¿Y usted qué opina? ¿Tendrá fuerza el agua? Ahora en primavera no hay cuidado; pero ¿en otoño?

Salí de allí en tal estado de exasperación, que batí la portezuela del coche al cerrarla, contribuyendo a desbaratar el fementido birlocho. Otra vez me dominaba una tristeza invencible; me sentía ridículo, y la miseria de nuestra condición me abrumaba al pensar en aquel vejete insensible como una roca, que solo se ocupaba en el prado y el molino y se olvidaba de la proximidad de la muerte. ¡Valiente necedad mis precauciones y mis recelos para darle la noticia! De pronto se me ocurrió una idea singular. Mi acceso de sensibilidad compensaba la indiferencia de don Ambrosio. El verdadero «hermano» de la pobre muerta era yo, yo que había sentido el dolor fraternal, yo que me había sustituido, con la voluntad y el sentido, al hermano según la carne. En el mundo moral como en el físico nada se pierde, y todos los que tienen derecho a una suma de cariño, la cobran, si no del que se la debe, de otro generoso pagador. Consolado al discurrir así, saqué la cabeza por la ventana y dije al cochero (de veras que se lo dije):

—Más aprisa, que necesito disponer el funeral de mi hermana.

El Imparcial, 15 febrero 1897.

La «Compaña»

Invierno. Después de un día corto, lluvioso y triste, la noche es clara, de Luna; la helada prende en sus cristales, resbaladizos y brillantes como espejos, el agua de la charcas y ciénagas, y en la ladera más abrupta de la montaña se oye el oubear del lobo hambriento. Dentro de la casucha del rueiro humilde, la llama de la ramalla de pino derrama la dulce tibieza de sus efluvios resinosos, y el glu-glu del pote conforta el estómago engañando la necesidad, pues el pobre caldo de berzas solo mantiene porque abriga.

Desviada de la aldea por el soto de altos castaños, próxima a la iglesia y al cementerio, la ruin casuca de la vieja señora Claudia —alias Cometerra, porque en sus juventudes mascaba a puñados la arcilla del monte Couto-también siente el bienestar del cariñoso fuego. Todo el día, calándose hasta las médulas, ha trabajado su nieto Caridad, y el brazado de ramalla y la leña todavía húmeda y la hierba que rumia la becerrita roja él se las ha agenciado... No preguntéis dónde. Quien no tiene bosque ni pradería suya, ha de merodear por tierras de otro. ¿Qué señor le arrienda un lugar a un mocoso de quince años, hijo de un presidiario muerto en Ceuta? El colono ha de ser libre de quintas, casado y de buena casta. ¡Valiente adquisición la de aquella bruja que pedía por las puertas una espiga de maíz o una corteza mohosa, y la de aquel galopín, que no dejaba en los términos de la parroquia cosa a vida! También hay clases en la aldea... Y los hijos de dos o tres labradores de los más acomodados, de pan y puerco, se la tenían jurada a Caridad. Porque puede pasar el esquilmo de la rama y del tojo, y hasta el apañar hierba en linderos que no tienen dueño; pero arrancar la patata ya en sazón o desvalijar un panel del hórreo... eso son palabras mayores, y como le pillasen..., ¡guarda el escarmiento!

Caridad, entre tanto, traía a casa bien repleto su «paje» de mimbres. Aquel día formaban el botín golpe de castañas maduras, bellotas y, ¡presa extraordinaria!, tres o cuatro hermosos huevos frescales... Cuando tenía suerte en su caza de víveres, ¡la abuela le pagaba tan bien! Inagotable repertorio de consejas, tradiciones y patrañas, Cometerra, acurrucada en el rincón del lar, mientras con mano temblona pelaba las patatas o desgranaba las espigas, rubias, hablaba, narraba, ensartaba sus cuentos de mil mentiras... Y Caridad no conocía otro goce. Las historias de la abuela eran a la vez su única escuela y su único teatro, el pasto de su imaginación virgen, fresca, insaciable, de chiquillo que no sabe leer, y que presiente la novela y la poesía, identificándolas, en su ignorancia, con la vida y la realidad.

Tal vez en aquel precoz enfermizo desarrollo de la fantasía influyese el mismo aislamiento a que le condenaban sus menudos latrocinios y la azarosa suerte y las fechorías de su padre. Es lo cierto que Caridad creía a puño cerrado..., ¿qué es creer?, «veía». El mundo triste y agorero de la vieja mitología galaica le rodeaba a todas horas. El miedo a lo desconocido encogía su alma y derramaba hielo de mortal pavor en sus venas, atrayéndole, sin embargo, con misterioso atractivo, llamándole. Temía y deseaba la aparición sobrenatural, y mientras sus manos, mecánicamente, cogían lo ajeno, su espíritu inculto sentía el escalofrío del mundo invisible que nos rodea, y cuyo hálito quejoso se percibe en los murmullos del bosque y en el fluyente llanto de agua...

Esta noche de invierno, cercana ya la vigilia de los difuntos, Cometerra explica a su nieto lo que es la «Compaña» o «Hueste». Es una legión de muertos que, dejando sus sepulturas, llevando cada cual en la descarnada mano un cirio, cruzan la montaña, allá a lo lejos, visibles solo por la vaga blancura de los sudarios y por el pálido reflejo del cirio desfalleciente. ¡Ay del que ve la «Compaña»! ¡Ay del que pisa la tierra en que se proyecta su sombra! Si no se muere en el acto la vida se le secará para siempre a modo de hierba que cortó la fouce. Quebrantando, sin fuerzas, tocado de extraño, mal contra el cual no existen remedios, irá encaminándose poco a poco a la cueva, porque la «Hueste» recluta así a los que encuentra en el camino, los alista en sus filas, refuerza su ejército de espectros... ¡Infeliz del que ve la «Compaña»!...

En su pobre y frío lecho de hojas de maíz, Caridad se revuelve pensando en la fúnebre procesión. El fuego del lar se ha extinguido; la abuela ronca acurrucada a pocos pasos; se escucha fuera el gañir del lobo y la queja casi humana del mochuelo... La tentación es demasiado fuerte. De seguro que a estas horas desfila por el monte, en doble hilera de luces, la gente del otro mundo. ¡Verla! Caridad no se acuerda que verla es morir. Quizá no le importa. El apego a la vida no nace temprano; el arbolillo sin raíces no se agarra a la corteza terrestre. El miedo, en Caridad, es como un espasmo: su alma estremecida teme y desea a la vez. Y deslizándose de la dura cama, a tientas va hacia la puerta, abre el cancel, se asoma y mira.

Velada la Luna, antes esplendente, por nubarrones de trágica forma, negrísimos, los objetos aparecen confusos, las manchas de la arboleda se pierden entre la turbieza gris de la lejanía. Caridad, tiritando, echa a andar en dirección a la iglesia. Sin darse cuenta del porqué, supone que la «Hueste» ronda las tapias del cementerio. Lo singular es que, al ir en busca de la procesión de las almas, el chiquillo tiembla, sus dientes castañean, sus pupilas se dilatan, su sangre se cuaja, su corazón por momentos cesa de latir. Y, sin embargo, anda, anda, fascinado; ansioso, pisando la escarcha con descalzos pies, amoratados y rígidos. Allá donde se alza el muro del camposanto, una claridad difusa, unos campos de luz verdosa le llaman con palpitaciones de mortaja flotante y, con humaradas de cirio que se extingue. Allí está de seguro la «Hueste»... Ya cree verla, verla distintamente, y hasta escucha reprimidos sollozos, ahogados gritos que pueden confundirse con la ironía de la carcajada brutal... Sin transición, sin espacio a decir Jesús, a llamar a su madre como la llaman los heridos de muerte. Caridad se desploma. A un mismo tiempo le ha partido la cabeza un garrotazo y le ha abierto la garganta el corvo filo de una céltica bisarma, que a la vez que desagüella sujeta a la víctima. La sangre, caliente, se coagula sobre la helada superficie del terruño. Los mozos se retiran, dejando tieso allí al ladronzuelo, y murmurando, serios ya, porque no habían pensado ir tan lejos, ni hubiesen ido a no mediar el mosto nuevo y la vieja «caña»:

—Quedas escarmentado.

Blanco y Negro, núm. 505, 1901.

La dentadura

Al recibir la cartita, Águeda pensó desmayarse. Enfriáronse sus manos, sus oídos zumbaron levemente, sus arterias latieron y veló sus ojos una nube. ¡Había deseado tanto, soñado tanto con aquella declaración!

Enamorada en secreto de Fausto Arrayán, el apuesto mozo y brillantísimo estudiante, probablemente no supo ocultarlo; la delató su turbación cuando él entraba en la tertulia, su encendido rubor cuando él la miraba, su silencio preñado de pensamientos cuando le oía nombrar; y Fausto, que estaba en la edad glotona, la edad en que se devora amor sin miedo a indigestarse, quiso recoger aquella florecilla semicampestre, la más perfumada del vergel femenino: un corazón de veinte años, nutrido de ilusiones en un pueblo de provincia, medio ambiente excitante, si los hay, para la imaginación y las pasiones.

Los amoríos entre Fausto y Águeda, al principio, fueron un dúo en que ella cantaba con toda su voz y su entusiasmo, y él, «reservándose» como los grandes tenores, en momentos dados emitía una nota que arrebataba. Águeda se sentía vivir y morir. Su alma, palacio mágico siempre iluminado para solemne fiesta nupcial, resplandecía y se abrasaba, y una plenitud inmensa de sentimiento le hacía olvidarse de las realidades y de cuanto no fuese su dicha, sus pláticas inocentes con Fausto, su carteo, su ventaneo, su idilio, en fin. Sin embargo, las personas delicadas, y Águeda lo era mucho, no pueden absorberse por completo en el egoísmo; no saben ser felices sin pagar generosamente la felicidad. Águeda adivinaba en Fausto la oculta indiferencia; conocía por momentos cierta sequedad de mal agüero; no ignoraba que a las primeras brisas otoñales el predilecto emigraría a Madrid, donde sus aptitudes artísticas le prometían fama y triunfos; y en medio de la mayor exaltación advertía en sí misma repentino decaimiento, la convicción de lo efímero de su ventura.

Un día estrechó a Fausto con preguntas apremiantes:

—¿Me quieres de veras, de veras? ¿Te gusto? ¿Soy yo la mujer que más te gusta? Háblame claro, francamente... Prometo no enfadarme ni afligirme.

Fausto, sonriente, halagador, galante al pronto, acabó por soltar parte de la verdad en una aseveración exactísima:

—Guedita: eres muy mona..., muy guapa, sin adulación... Tienes una tez de leche y rosas, unas facciones torneadas, unos ojos de terciopelo negro, un talle que se puede abarcar con un brazalete... Lo único que te desmerece..., así..., un poquito..., es la pícara dentadura. Es que a no ser por la dentadura..., chica, un cuadro de Murillo.

Calló Águeda, contrita y avergonzada; pero apenas se hubo despedido Fausto, corrió al espejo. ¡Exactísimo! los dientes de Águeda, aunque sanos y blancos, eran salientes, anchos a guisa de paletas, y su defectuosa colocación imponía a la boca un gesto empalagoso y bobín. ¿Cómo no había advertido Águeda tan notable falta? Creía ver ahora por primera vez la fea caja de su dentadura, y un pesar intenso, cruel la abrumaba... Lágrimas ardientes fluyeron por sus mejillas, y aquella noche no pegó ojo dando vueltas, entre el ardor de la fiebre a la triste idea... «Fausto ni me quiere ni puede quererme. ¡Con unos dientes así!»

Desde el instante en que Águeda se dio cuenta de que en realidad tenía una dentadura mal encajada y deforme, acabóse su alegría y vinieron a tierra los castillos de naipes de sus ensueños. Rota la gasa dorada del amor, veía confirmados sus temores relativos a la frialdad de Fausto; mas como el espíritu no quiere abandonar sus quimeras, y un corazón enamorado y noble no se aviene a creer que su mismo exceso de ternura puede engendrar indiferencia, dio en achacar su desgracia a los dientes malditos. «Con otros dientes, Fausto sería mío quizá». Y germinó en su mente un extraño y atrevido propósito.

Solo el que conozca la vida estrecha y rutinaria de los pueblos pequeños, la alarma que produce en los hogares modestos la perspectiva de cualquier gasto que no sea de estricta utilidad, la costumbre de que las muchachas nada resuelvan ni emprendan, dejándolo todo a la iniciativa de los mayores, comprenderá lo que empleó Águeda de voluntad, maña y firmeza, hasta conseguir dinero y licencia para realizar sus planes... Fausto había volado ya a Madrid; el pueblo dormitaba en su modorra invernal, y Águeda, levantándose cada día con la misma idea fija, suplicaba, rogaba, imploraba a su madre, a su padrino, a sus hermanas, sacando a aquélla una pequeña cantidad, a aquél un lucido pico, a éstas de la alcancía los ahorros..., hasta juntar una suma, con la cual, llegada la primavera, tomó el camino de la capital de la provincia... Iba resuelta a arrancarse todos los dientes y ponerse una dentadura ideal, perfecta.

Águeda era muy mujer, tímida y medrosa. No se preciaba de heroína y la espantaba el sufrimiento. Un escalofrío recorrió sus venas, cuando, discutido y convenido con el dentista el precio de la cruenta operación, se instaló en la silla de resortes, y encomendándose a Dios, echó la cabeza atrás...

No se conocían por entonces en España los anestésicos que hoy suelen emplearse para extracciones dolorosas, y aunque se tuviese noticia de ellos, nadie se atrevía a usarlos, arrostrando el peligro y el descrédito que originaría el menor desliz en tal delicada materia. Tenía, pues, Águeda que afrontar el dolor con los ojos abiertos y el espíritu vigilante, y dominar sus nervios de niña para que no se sublevasen ante el atroz martirio.

Desviados, salientes y grandes eran sus dientes todos. Había que desarraigarlos uno por uno. Águeda, cerrando los ojos, fijó el pensamiento en Fausto. Temblorosa, yerta de pavor, abrió la boca y sufrió la primera tortura, la segunda, la tercera... A la cuarta, como se viese cubierta de sangre, cayó con un síncope mortal.

—Descanse usted en su casa —opinó el dentista.

Volvió, sin embargo, a la faena al día siguiente, porque los fondos de que disponía estaban contados y le urgía regresar al pueblo... No resistió más que dos extracciones; pero al otro día, deseosa de acabar cuanto antes soportó hasta cuatro, bien que padeciendo una congoja al fin. Pero según disminuían sus fuerzas se exaltaba su espíritu, y en tres sesiones más quedó su boca limpia como la de un recién nacido, rasa, sanguinolenta... Apenas cicatrizadas las encías, ajustáronle la dentadura nueva, menuda, fina, igual, divinamente colocada: dos hileritas de perlas. Se miró al espejo de la fonda; se sonrió; estaba realmente transformada con aquellos dientes, sus labios ahora tenían expresión, dulzura, morbidez, una voluptuosa turgencia y gracias que se comunicaba a toda la fisonomía... Águeda, en medio de su regocijo, sentía mortal cansancio; apresuróse a volver a su pueblo, y a los dos días de llegar, violenta fiebre nerviosa ponía en riesgo su vida.

Salió del trance; convaleció, y su belleza, refloreciendo con la salud, sorprendió a los vecinos. Un acaudalado cosechero, que la vio en la feria, la pidió en matrimonio; pero Águeda ni aún quiso oír hablar de tal proposición, que apoyaban con ahínco sus padres. Lozana y adornada esperó la vuelta de Fausto Arrayán, que se apareció muy entrado el verano, lleno de cortesanas esperanzas y vivos recuerdos de recientes aventuras. No obstante, la hermosura de Águeda despertó en él memorias frescas aún, y se renovaron con mayor animación por parte del galán los diálogos y los ventaneos y los paseos y las ternezas. Águeda le parecía doblemente linda y atractiva que antes, y un flueguecillo impetuoso empezaba a comunicarse a sus sentidos. Cierto día que, hablando con uno de sus amigos de la niñez, manifestó la impresión que le causaba la belleza de Águeda, el amigo respondió:

—¡Ya lo creo! Ha ganado un cien por cien desde que se puso dientes nuevos.

Atónito, quedó Fausto. ¿Cómo? ¿Los dientes? ¿Todos, sin faltar uno? ¡Cuánto trastorna la vanidad femenil! Y soltó una carcajada de humorístico desengaño...

Cuando, años después, le preguntó alguien por qué había roto tan completamente con aquella Águeda, que aún permanecía soltera y llevaba trazas de seguir así toda la vida, Fausto Arrayán, ya célebre, glorioso, dueño del presente y del porvenir, respondió, después de hacer memoria un instante:

—¿Águeda...? ¡Ah, sí! Ahora recuerdo... ¡Porque no es posible que entusiasme una muchacha sabiendo que lleva todos los dientes postizos!...

Blanco y Negro, núm. 385, 1898.

Inspiración

El taller a aquella hora, las once de la mañana, tenía aspecto alegre y hasta cierta paz doméstica: limpio aún, barrido, no manchado por las colillas y los fósforos, los fragmentos de lápiz de color y el barro de las botas, con la alegre luz solar que entraba por el gran medio punto, acariciaba los muebles y arrancaba reflejos a los herrajes del bargueño, a los clavos de asterisco de los fraileros, y a los estofados del manto de la gótica Nuestra señora. La horrible careta nipona reía de oreja a oreja, benévolamente, y Kruger, el enorme y lustroso dogo de Ulm, echado sobre un rebujo de telas de casulla, deliciosas por sus tonos nacarados que suavizaba el tiempo, dormitaba tranquilo, reservando sus arrebatos de cariño, expresados con dentelladas y rabotadas, para la tarde.

Luchaba, desesperadamente Aurelio Rogel instalado ante el caballete y el lienzo limpio, con una de esas crisis de desaliento que asaltan al artista en nuestra época sobresaturada de crítica y recargada con el peso de tantos ideales y tantas teorías y tantas exigencias de los sentidos gastados y del cerebro antojadizo. ¿Qué pondría en aquella tela rasa y agranitada? ¿A qué expresión responderían las manchas de los colores que aguardaban en fila, al margen de la bruñida paleta, como soldados dispuestos a entrar en combate? Sentíase cansado Aurelio de «academias y estudios»; del eterno dibujar por dibujar, persiguiendo de cerca a la línea y al contorno, sin saber para qué, con la falta de finalidad del avaro que atesora, pero que no hace circular la riqueza. Aquella ciencia del dibujo, en que Aurelio se preciaba de haber vencido y superado a todos sus compatriotas, tildados de malos dibujantes; aquel dominio de la forma, en tal momento, le parecería estéril, vano, si no podía servirle para encarnar una idea. Y la idea la veía surgir como vapor luminoso, flotando ante sus ojos soñadores, sin lograr que se concretase y definiese; así es que, descorazonado, no se resolvía a coger el lápiz.

¿Qué iba a haber? Dentro de un cuarto de hora aparecería el modelo, el eterno modelo; uno de los eternos modelos, mejor dicho. O el tagarote aguardentoso, velludo y bestial; o la moza flamenca y zafia, que dejaba en el taller olor a bravía y a jabón barato; o el mozalbete achulado, afeminado, el pâle voyou; serie de cuerpos plebeyos y viciosos, cuya vista había llegado a irritar los nervios de Aurelio hasta el punto de enfurecerle. ¿Dónde estaba la Belleza?

«La crearé sin modelo alguno —pensaba—; la sacaré de mi mente, de mis aspiraciones, de mi corazón, de mi sensibilidad artística...»

Pero a la vez que afirmaba este programa, se daba cuenta, de que no podía realizarlo; que le sujetaban lazos técnicos, la costumbre idiota de mirar hacia un objeto, la fidelidad escrupulosa, la impotencia para trasladar al lienzo lo que los ojos no hubiesen visto y estudiado en realidad.

Así es que, cuando sonó la campanilla anunciando la llegada del modelo —segura a tales horas— el pintor sintió un estremecimiento de repugnancia invencible.

«Hoy le despido», resolvió. Y, de mal talante, salió a abrir.

Hizo un movimiento de sorpresa. La persona que llamaba era desconocida, una joven, casi una niña, representaba quince años a lo sumo. A la interrogación de Aurelio, respondió la muchacha dando señales de temor y cortedad:

—Vengo... porque me ha dicho tío Onofre, el Curda..., ¿no sabe usté?, pues que como está muy malísimo..., y dijo que usté le aguardaba pa retratarle..., le traigo el recao que no vendrá.

—Bien, hija —contestó Aurelio satisfecho y como libre de una carga—. ¿Y qué tiene tío Onofre?

—Eso del trancazo —declaró la muchacha. En la cama está hace tres días, y paece que le han molío toos los huesos.

Y como a pesar de que en apariencia estaba cumplida la misión de la chiquilla, esta no se quitaba del marco de la puerta, el pintor, compadecido, la apartó diciendo:

—Pasa hija. Ven, te daré un poco de vino de Málaga...

Entró la niña tímidamente, pero sin remilgos ni dificultades, y ya en el taller, miró alrededor con ojos asombrados, que expresaban el respeto por lo que no se comprende y un vago susto. De pronto sus pupilas tropezaron con un desnudo de mujer; el de la mocetona flamenca y zafia, representada en una contorsión de ménade, sobre el mismo rebujo, de telas antiguas en que Kruger dormitaba ahora. Y Aurelio, que examinaba a la chiquilla, ya fuera de la penumbra de la antesala, con esa ojeada del artista que sin querer detalla y desmenuza, se echó atrás y se fijó lleno de interés. La palidez clorótica de la niña, al aspecto del «estudio de mujer», se había transformado en el color suave de la rosa que las floristas llaman «carne doncella», pasando poco a poco, mediante una gradación bien caracterizada, a tonos cuya belleza recordaba la de las nubes en las puestas de Sol. Como si invisibles ventosas atrajesen la poca sangre de las venas y las arterias a la piel, subieron las ondas, primero rosadas y luego de carmín, a las mejillas, a la frente, a las sienes, a toda la faz de la criatura; y en el pasmo de su inocente mirar, y en la expresión de indecible sorpresa de su boca, se reveló una belleza interior tan grande, que Aurelio estuvo a punto de caer de rodillas.

Nada dijo la niña; nada el pintor tampoco. Solo cuando la oleada de vergüenza empezó a descender también, gradualmente, preguntó Aurelio, tímido a su vez:

—¿Eres tú hija del tío Onofre?

—No señor... Soy su ahijá. No tengo padre ni madre.

—¿Con quién vives?
—Con tío Onofre.
—¿Le sirves de criada? ¿Trabajas?
—Trabajo lo que puedo —fue la respuesta humilde—. Hay mucha necesiá... Si no fuera por los señoritos que retratan a tío Onofre, no se como saldríamos del apuro. Y ahora, con la enfermedá...

Envalentonada por la dulzura con que Aurelio le había hablado, prosiguió la niña:

—Nos vamos a ver negros. En casa, señorito, no hay una peseta. Como tío Onofre tiene esa mal costumbre de la bebía... Si no es la bebía, hombre más bueno no se encuentra en to Madrí. Pero el maldito amílico..., que le tiene corroías las entrañas... Y como tío Onofre sabe que usté y el otro señorito pintor que vive en el Pasaje son tan caritativos..., pues me dijo, dice: «Te vas allas, Selma, y que en igual de retratarme a mí, te retraten a ti por unos días..., porque al fin ellos lo que quieren es retratar a cualquiera sinfinidá de veces..., y la guita que te la den por adelantao..., y a ver si nos remediamos.»

Contempló Aurelio al nuevo modelo que se le ofrecía, con la mirada involuntariamente dura y cruel del chalán y del inteligente en el mercado. Al través de la pobre falda de zaraza y del roto casaquillo, adivinó las líneas. Eran seguramente adorables, delicadas y firmes a la vez, con la pureza del capullo cerrado y la gracia de la juventud, que lo convertirá pronto en flor gallarda, de incitadora, frescura. La proporción del cuerpo, la redondez del talle, la elegancia del busto, la gracia de la cabeza, todo prometía un modelo delicioso, de los que no se encuentran ni pagados. Aurelio se regocijó. ¡Quizá estaba allí la inspiración de la obra maestra!

Pero cuando iba a pronunciar el sacramental: «Desnúdate», el recuerdo de la ola de sangre inundando el rostro, ascendiendo hasta la frente y las sienes, borrando con su matiz de carmín las facciones, le detuvo, apagando en su garganta el sonido. Se sintió enrojecer, a su turno; le pareció haber cometido, allá interiormente, alguna acción vergonzosa. Y acercándose a la niña fue esto lo que le dijo:

—Te retrataré; pero con la condición de que no te retrate nadie más que yo. ¿Entiendes? pago doble... No vas a casa de ningún otro señorito. Yo te daré dinero... Ahora hija mía..., para que te retrate..., te colocarás así..., así..., mirando a esa figura. ¿Quieres?

Y, mientras las mejillas de la niña y a sus sienes virginales subía otra vez, ante el impúdico y vigoroso «estudio» de la Ménade, la ola de vergüenza, Aurelio, con nerviosa vehemencia primero, con pulso seguro después, manchaba el lienzo bocetando su cuadro, «Pudor», que le valió en la Exposición el primer triunfo, una segunda medalla.

Blanco y Negro, núm. 483, 1900.

Oscuramente

La casuca, al borde del camino, separada de la cuneta por un jardín no mayor que un pañuelo, era simpática, enyesada, con ventanas pintadas de azul ultramar rabioso, y un saledizo de madera que decoraban pabellones de rubias espigas de maíz. En el jardín no dejaban cosa a vida gallinas y el gallo, escarbando ellas con humilde solicitud y él con arrogante desprecio; pero así y todo, los rosales «lunarios» se cubrían de finas rosas lánguidas, las hortensias erguían sus copos celestes, y un cerezo enorme, amaneradamente puesto por casualidad a la izquierda de la casa, daba fresca sombra. Aquella vista podía ser asunto de país de abanico, y mejor si la animaba la presencia de la chiquilla alegre y reidora, en quien la vida amanecía con lozanos brotes y florescencias primaverales.

Huérfana era Minga, pero no había notado la soledad ni el abandono, gracias a su hermano Martín, que le prodigó mimos de madraza y protección de padre. La niñez no siente nostalgias de lo pasado cuando es dulce lo presente. Minga no recordaba el regazo maternal. Era Martín —solían repetirlo los demás mozos de la aldea, y no siempre con piadosa intención —como una mujer, Él sabía amañar el caldo y arrimar el pote a la lumbre; él lavaba, torcía y tendía la ropa; él vendía en la feria la manteca, la legumbre, los huevos; él vestía y desnudaba a Minga mientras fue muy pequeña, y la tomaba en brazos y la sonaba y desenredaba la vedija de seda blonda, luminosa y vaporosa como un nimbo de santidad... También la llevaba de la mano a la iglesia, porque Martín era algo sacristancillo. Ayudaba al señor cura, y su vaga aspiración, si no hubiese tenido que dedicarse a cuidar de su hermana, sería cantar misa, adornar mucho los altares, ponerle a su Virgen flores, colgarle arracadas de perlas.

La condición de Martín, su índole afeminada y pulcra, se conocía en lo limpio de la casuca enyesada y reluciente, en la ocurrencia de rodearla de jardín, en el primoroso seto de cañas, en el vestir de Minga, siempre aseada y hasta engalanada con pañolitos de seda los días festivos, y en cierta cortesía humilde que Martín mostraba a todos, a la gente de la aldea y al señorío, multiplicando las fórmulas obsequiosas, los «vayan con salud» y los «Dios los acompañe». No hubo sombrerón de fieltro menos pegado a la cabeza que el de Martín, ni rapaz más enemigo de parrandas y tunas, ni que así aborreciese el cigarro y la perrita, ni que con tal premura se escabullese del atrio o de la robleda al presentir que iba a armarse «una de palos». Rozándole o empujándose pasaban las mozas jaraneras y comprometedoras, que en todas partes las hay, y Martín no apartaba los ojos del suelo. Únicamente sonreía a las muchachas cuando ellas cogían por banda a Minga y la hartaban de rosquillonas, duras, como guijarros, o de zonchos fríos, o de caramelos pringosos. La cuerda de aquel cariño fraternal, casi paternal por la diferencia de edades, era lo que vibraba en Martín con vibraciones hondas, con latidos de corazón inmenso.

¡Qué rechifla se levantó en la aldea al saberse cómo Martín había caído soldado! ¡Soldado aquella madamita, aquel miedoso, aquél que sabía coser y planchar y lavar como las hembras! ¡Aquél que ni gastaba navaja, ni bisarma, ni una triste vara aguijadora! No hubo quien no se riese: los viejos con bocas desdentadas, las mozas con bocas frescachonas de duros dientes. Sin embargo, prodújose la reacción. Los pobres tienen prójimo, las comadres de la aldea, las que han enviado hijos al servicio del rey, son piadosas. Y al ver a Martín tan pasmado, tan alicaído, tan encogido de alma, las buenas comadres probaron a consolarle a su modo con palabras de resignación, de esperanza quimérica, fantaseando intervenciones de santos y milagros sin pizca de verosimilitud. Martín agachaba la cabeza, cruzaba las manos, miraba a Minga y callaba... Él sabía que era forzoso ir, no solo al cuartel, sino a algo más terrible, que no se explicaba, que tenía para él mucho de misterio y más de horror, de eso que se ve en las ansias de la pesadilla... ¡La guerra...! ¡La guerra lejos, lejísimos..., más allá de los mares!

Pasábamos una tarde por delante de la casucha, y el señor cura, que nos acompañaba, señaló hacia la cerrada puerta, el jardín comido por las ortigas y zarzales, el balcón sin sus ristras de espigas, todo solitario y muerto, con esa muerte de los objetos que indica la ausencia del espíritu, de la actividad humana, vivificadora, ¡Ay! El señor cura no se consolaba de la falta de Martín. ¿Dónde encontraría otro así para ayudar a misa, encender y despabilar velas, doblar y guardar las vestiduras, otro madamita igual, mañoso, dócil, bien hablado, bien mandado?... ¡Y pensar que se lo habían llevado a pelear con los negros! ¡Qué cosas! ¡Qué desdichas!

—¿Y la niña, la hermanita? —pregunté recordando una cabeza con aureola de rizos alborotados de un rubio blanquecino, una risa infantil, unos labios de cereza, unos ojos celestes.

—¡La niña! —repitió el cura—. ¡Esa..., ya ni se acuerda de tal hermano! La recogió la tabernera, ¿no sabe?, la mujer del Xuncras..., y como no tiene chiquillos, están con ella que no atinan donde la pongan. Hay criaturas así, que son hijas de la suerte. Figúrese lo que le esperaba a la chiquilla. O meterse a servir (¿y de qué sirve una criada de once años?), o ir al Hospicio, o dedicarse a pedir limosa... Y por cuánto la víspera de la marcha de Martín, al pobre rapaz le tienta Dios a entrar en el tabernáculo del Xuncras para echar unos vasos y quitarse las melancolías; y le sacan vino, y caña, y bala rasa, ¡yo que sé!, y a los pocos tragos —como él nunca lo cataba— se le sube a la cabeza y rompe a llorar y a gritar y a decir que le daba el corazón que no volvería y que Minga se moriría de necesidad... Y resulta que la tabernera, un corazón de mantequilla de Soria, también suelta el trapo, se le agarra al cuello y le ofrece cargar con Minga. El marido se oponía; pero la mujer le convenció de que allí se necesitaba una rapaza para fregar los vasos y barrer... Y quien friega y barre es la tabernera, y Minga está como la reina, mano sobre mano y bien regalada, y riéndose y cantando... Es alegre como unas pascuas. ¡Buen cascabel se prepara ahí! ¡Si da grima ver aquella cara tan satisfecha y al mismo tiempo la ropa de luto!

Y al notar, mi sorpresa, el cura prosiguió:

—¿No lo sabía? ¡Claro que sí!, al instante... Si fuese un holgazán, un vicioso, un quimerista, un bocarrota, aquí volvería sano y salvo... Como era tan modosiño y doblaba tan bien las casullas, ¡duro en él! Fue una de esas cosas de pronto, sin chiste... Una emboscada, una trampa en que cayó el destacamento. Lo supe por carta que se recibió en Marineda, de un sargento que escapó con vida. Diez o doce murieron y entre ellos Martín. No lo trajeron los periódicos; ¡si fuesen a traer las menudencias!... A Martín le saltaron a la cara dos negrotes. Lo particular es que aseguran que se defendió como una fiera. Estoy por no creerlo. ¡Pobre madamita! Milagro si no se puso de rodillas a que le perdonasen. El sargento parece de Sevilla. ¿Pues no dice que Martín envió al otro barrio a uno de los mambises, que era un animal atroz? ¿Y no cuenta que casi podría con el segundo, y si no fuese porque tropezó y resbaló y el otro se le echó sobre el cuerpo y con todo el peso, lo acaba? ¡Bah, bah! El asunto es que a Martín...

Un gesto expresivo, una mano girando con rapidez alrededor de la garganta, completaron la frase.

—Y aún ayer apliqué por él la misa —añadió el señor cura cuando ya doblábamos el pinar.

Blanco y Negro, núm. 494, 1900.

El ahogado

Atacado de hipocondria y roído de tedio; cansado del mundo, de los hombres, de las mujeres y hasta de los caballos; agotados los nervios y vacía el alma, Tristán decidió morir. ¡Bueno fuera quedarse, porque sí, en un mundo tan patoso y de tan poca lacha; un mundo en que los goces se resuelven en bostezos, y en desencantos las ilusiones! Acabar de una vez; dormir un sueño que no tuviese el contrapeso del despertar probable. Y Tristán, resuelto ya a la acción, empezó a pensar en el «modo».

La verdad ha de decirse: el pícaro «modo» era como un hueso que se le atragantaba a Tristán. Entre el sincero deseo de dejar la vida y el acto de quitársela media un solo movimiento; ¡pero qué movimiento, señores! Comparado con este, parece fácil el de levantar en peso una montaña... Las indecisiones de Hamlet, tortas y pan pintado en comparación con las de muchos infelices hijos de este siglo, a un tiempo codiciosos y temerosos del no ser. Ni pizca de cobarde tenía Tristán; pero el valor no es cantidad fija; hay quien no teme a un león, y se pone pálido al ver a una cucaracha. Nervioso, de imaginación cruel, Tristán se horripilaba del instante fugacísimo en que la bala del revólver destrozase la masa de su cerebro, o la cuerda estrujase brutalmente su garganta. Por extraña contradicción convencido del aniquilamiento final, hasta le preocupaba lo que sucedería «después» a su cuerpo, y veía la escena póstuma, el grupo formado alrededor de su cadáver y oía las frases triviales, las inevitables reflexiones lastimosas de amigos y sirvientes, todo ello ridículo, semigrotesco, parodia de algo trágico y grande no realizado. Su buen gusto se sublevaba contra semejante final, «Morir, si; pero sin dar espectáculo; irse de la vida como quien se retira de un salón, discretamente.» Maduro el propósito, Tristán discurrió que el lugar más oportuno de ponerlo por obra era un viejo castillo que poseía a orillas del mar. Recogiéndose allí algún tiempo, la sociedad, si al pronto extrañaba su falta ya le habría olvidado cuando sucediese lo que debía suceder...

El caso era no dejar rastro alguno. «Como averigüen Perico Gonzalo y Manolo Lanzafuerte mi paradero, allí se descuelgan a pretexto de cazar o pescar...». Y rodeó su último y solitario viaje del complicado misterio propio de otras escapatorias más gratas. «Creerán que mi fuga tiene cómplice...», se dijo a si propio, con irónica tristeza, el futuro suicida.

Al verse en el castillo, antiguo solar de su familia, Tristán comprendió que no cabía mejor fondo para el sombrío cuadro que intentaba pintar. Las abruptas montañas, las renegridas piedras, los paredones que la hiedra asaltaban, la costa erizada de escollos, la playa siempre azotada por el recio oleaje, la torre donde anidaban lechuzas y búhos, respiraban desolación y fúnebre melancolía. Acrecentaba el horror del paisaje la estación, que era la del equinoccio de otoño con sus furiosas tempestades y los frecuentes naufragios por la niebla, empujadas por el temporal, venían a encallar y a deshacerse en los traidores bajíos de la Corvera, próximos a la playa que se extendía a los pies de la residencia de Tristán. El incesante y ronco mugido del oleaje; el horizonte cerrado en brumas o surcado por lívidas exhalaciones; la tierra empapada en agua; el arenal sembrado de despojos, tablas y barricas, cuando no de cadáveres, armonizaban tan bien con el estado de ánimo y los proyectos de Tristán, que decidió buscar reposo en el fondo de las aguas, haciendo creer que le había arrebatado una ola. Y para familiarizarse con la idea, bajaba a la playa diariamente, sintiendo que se apoderaba de su alma el vértigo de lo desmesurado y la atracción del hondo abismo. Su plan de suicidio se concertaba aprisa, y se le agarraba al espíritu de tal manera, que ya soñaba con él lo mismo que se sueña con la primera cita de una mujer hermosa y adorada.

Una tarde de horrible tempestad, en el que el huracán sacudía las veletas del castillo y retorcía los árboles, desmelenando locamente el ramaje, creyó Tristán que era llegado el momento de ejecutar su determinación, y descendió, o, mejor dicho, se despeñó al arenal, luchando a brazo partido con el viento y alumbrado por el repentino fulgor de los relámpagos. Uno que encendió el horizonte le mostró, sobre la cresta de enorme ola, algo que podía ser o profecía o imagen fiel de su destino: era el cuerpo de un hombre, un ahogado que, flotando, venía a ser despedido contra los escollos. «Me pondré un buen peso a la garganta para no sobrenadar», calculó Tristán al divisar al muerto que se acercaba; y dos minutos después, la ola gigantesca, rompiéndose en las rocas a flor de tierra ya, depositaba sobre la arena al ahogado.

Tristán se precipitó hacia él por instinto, y, alzando el cadáver, lo arrastró hacia el fondo del arenal, reclinándolo en una peña. A la claridad macilenta del poniente pudo observar que era un hombre joven y robusto. «¡Cuánto habrá luchado éste —pensó— para evitar lo que yo busco a todo trance!» Palpó el torso desnudo, magullado por las piedras, y no creyó advertir en él la rigidez de la muerte. Hasta le pareció percibir un resto de calor vital. Sintió una sacudida eléctrica. «¡Vive! ¡Este hombre vive aún!» Temblando de emoción, recordando los primeros socorros que deben prestarse a los ahogados, colocó al hombre con la cabeza alta, le inclinó hacia el lado derecho y le sacudió reiteradamente hasta que hubo arrojado un chorro de agua por la boca. Volvió a hincar la palma sobre la tetilla izquierda, y creyó notar un débil latido del corazón, que le hizo exhalar un grito de alegría. Con sobrehumano vigor, cargando a hombros el cuerpo inerte, se lanzó por la cuesta que trepaba al castillo. El peso era grande; a mitad de la cuesta, notó Tristán que la respiración le faltaba; detúvose un instante, y con doblados bríos siguió después, sin detenerse hasta soltar al ahogado en la cocina del castillo, donde ardía un buen fuego de leña.

—¡Pronto! —gritó Tristán a sus servidores—. Vengan mantas; a calentar ladrillos y a llenar botellas de agua hirviendo; a traer un colchón. ¿Hay aguardiente?

Y mientras corrían para facilitarle lo que reclamaba, Tristán, inclinado sobre el cuerpo, veía con inquietud la azulada palidez del rostro, señal cierta de la asfixia, y creía que la chispa de vida, la débil llama, iba a extinguirse. «Hay que intentar el gran remedio.» Y con más ilusión que nunca había probado al acercar sus labios a los de ninguna mujer, pegó su boca a la boca yerta del ahogado, acechando el primer soplo de aire, mientras sus manos fuertes y elásticas oprimían rítmicamente el esternón y el vientre, provocando, por medio de enérgicas tracciones, la respiración artificial. Palpitante de esperanza y de caridad, se regocijaba cuando a la boca fría asomaban buches de agua amarga, mezclados con impurezas. ¿Si era que ya penetraba en los pulmones el aire bienhechor? De súbito percibió bajo sus labios un estremecimiento ligero; no cabía duda: ¡el hombre respiraba! Afanoso, redobló la espiración, enviando aquella onda tibia que era la existencia, la resurrección, la salvación del moribundo... Y así que el rostro de éste se coloreó ligeramente, así que se entreabrieron sus párpados, Tristán, rendido, sin darse cuenta de lo que hacía, cayó de rodillas, cruzó las manos, y dos lágrimas pequeñas, dulces, frescas, se descolgaron de sus lagrimales...

A estas horas, Tristán no se ha suicidado, ni es de creer que piense en suicidarse. ¿Consistiría en que apreció la vida cuando la dio envuelta en su aliento? ¿Será que el tedio se disipa con la primera buena obra, como el fantasma al canto del gallo?

Blanco y Negro, núm. 402, 1899.

El molino

Desde lejos no lo veríais, por que lo tapa densa cortina de castaños y grupos de sauces y mimbreras, cuyo fino verdor gris armoniza con la pálida esmeralda del prado. Pero acercaos, y os prende y cautiva la gracia del molino rústico; delante la represa, festoneada de espadañas, poas, lirios morados y amarilla cicuta; la represa, con su agua dormida, su fondo de limo en que se crían anguilas gordas y cuarreadoras ranas; luego, las cuatro paredes blancas de la casuca, su rojo techo, su rueda negruzca que bate el agua con sordo resuello y fragor... Y en la puerta, de pie, con las abiertas palmas apoyadas en las macizas caderas, iluminado el moreno rostro por los garzos ojos y los labios de guinda, empolvado a lo Luis XV el revuelto pelo rizoso, divisáis a Mariniña, la molinera, que mira hacia la vereda del soto, esperanzada de que no tardará en asomar por ella Chinto Moure...

Para ir al molino jamás faltan pretextos; siempre hay un ferrado de millo, un saco de trigo que moler con destino a la hornada de la semana. Los de la aldea ya lo saben: Chinto está dispuesto a desempeñar la comisión, dando las gracias encima. Provisto de una aguijada con que pica a su caballejo y de un luengo «adival» para amarrarle los sacos al lomo; descalzo en verano, calzado en invierno con gruesos borceguíes de suela de palo, Chinto emprende su caminata desde la parroquia de Sentrove hasta el molino de Carazás, por ver un rato a Mariniña y gustar con ella sabroso parrafeo, entre el revolar de las finas nubes del moyuelo y la música uniforme del rodicio que tritura el grano incesantemente.

¿Por qué, si tenían sus pensares tan juntos y sus corazones tan allegados como la blanca muela y el rubio maíz, no disponían casarse la Mariniña y el Chinto? Nadie lo ignoraba en la parroquia: Chinto no había entrado aún en suerte; y su terror del cuartel y del uniforme era tal, que si le tocaba un mal número, había resuelto largarse a la América del Sur en el primer barco que del puerto de Marineda saliese... Y aún por eso se burlaban y hacían chacota larga de Mariniña los mozos de Carazás y los de las circunvecinas parroquias, anunciándole que con un amante y esposo tan cobarde y apocado, mal defendidos andarían el día de mañana la mujer y el molino, mal cobradas las maquilas, mal reprimidos los intentos de retozo con la frescachona y rozagante molinera.

El exterior de Chinto no puede negarse que prestaba fundamento a estas suposiciones y augurios del porvenir. De estatura mediana, esbelto, con una cabeza ensortijada semejante a la de los santos del retablo de la iglesuela románica en que oyen misa los de Carazás, Chinto parecía linda doncella disfrazada con hábito de varón; su voz era suave; su acento, humilde; sus modales, tímidos y corteses. El trabajo del campo no había sido bastante para curtir su piel, y al entreabrirse su camisa de estopa descubría un blanco cutis, raso y terso, una dulce seda que enloquecía a Mariniña... Porque conviene saber que la molinera, aquella moza resuelta y enérgicamente laboriosa, «una loba», como decían las comadres del rueiro, se enternecía, se bababa de gusto, se moría, en fin de amor por el mozo delicado y aniñado —hasta afeminado podría decirse— que todas las noches andaba y desandaba la vereda del molino.

No es que a Mariniña le faltasen otras proporciones. Al contrario: mujer más rondada y pretendida no existía en tres leguas a la redonda, desde la orillamar y los puertecillos de pesca que bañan las plateadas ondas de la ría, hasta los cerros de Britón, donde empiezan a erguirse los rudos peñascos célticos entre sombríos pinares. No consistía tanto en las turgentes formas y las floridas mejillas de la molinera como en el maldito señuelo de la molienda, en la complicidad del rodicio, en la familiaridad de la maquila. En la aldea no hay «Casinos» ni «Veloces» no se sabe qué sean un sarao ni un raou; pero no os fiéis; lo que pasa en la corte entre paredes vestidas de seda, ocurre allí en el atrio de la iglesia a la salida de la misa mayor, en la «desfolla», en el campo de la romería o en las noches del molino...

Sobre todo en las noches del molino; en verano, a la clara luz de la Luna; en invierno, a la dudosa claridad de la candileja de petróleo, conciértanse las voluntades y se teje la guirnalda de amapolas y manzanilla del rústico amor. La brisa, la aglomeración del trabajo, obligan a moler la noche entera, y esperando su saco se juntan allí rapaces y rapazas, cruzando coplas de enchoyada, vivo diálogo galante, de finezas y desdenes, de sátira y picardía, que a veces acompaña la pandereta en argentino repique. Y en la atmósfera caldeada del «salón» campesino, Mariniña reina y atrae las voluntades: ya arisca, ya risueña; pronta a la chaza; instantánea en reprimir a los obsequiadores desmandados y sueltos de manos en demasía; activa y fuerte en el trabajo, animosa y de recios puños para erguir el saco lleno o ayudar a descargarlo y a vaciarlo..., no hay mozo, de los que al molino concurren, que no piense en la molinera, y no le profese ojeriza y tirria a Chinto, murmurando de él con frases despreciativas e irónicas: «¡Vaya un gusto raro, ir a antojarse de aquel papirrubio, de aquella madamita, a quien le venían las sayas antes que el calzón! ¡Uno capaz de desfondarse de miedo a la idea de servir al rey! ¡Uno que hasta no fumaba, ni gastaba navajilla ni «echaba palabras», ni el día de la fiesta cataba el aguardiente! ¡Un «papulito» que nunca había arrimado un palo a nadie, ni sabía romper una cabeza a golpe de bisarma!

La rabia de los desairados pretendientes contra el afortunado Chinto les inspiró una idea diabólica. Entraron en la conjura Santiago de Andrea, Mingos el de Sentrove, Carlos Antelo, Raposín... la «trinca» de calaverones de montera que solían recorrer las aldeas en son de parranda y tuna, pegando atruxos retadores y arrimándose a la cancilla de las raparigas casaderas para disparar coplas picantes... Sucedía esto allá por noviembre, cuando la senda que guía al molino se empapaba en rocío glacial, y las caídas hojas de los castaños formaban mullido tapiz, y los cendales de la niebla, envolviendo el paisaje en velo espeso, dejaban entrever las siluetas descarnadas de los árboles, parecidas a espectros de luengos brazos.

Sabedores los conjurados de que Chinto pasaría en dirección al molino a eso de la media noche, envolviéronse en blancas sábanas, encasquetáronse en la cabeza ollas con un par de agujeros cada una, y dentro, sendos cabos de vela de sebo; retorcieron haces de paja, y se apostaron en la linde del castañal, a la hora en que la Luna se esconde y el mochuelo saluda a las tinieblas con su queja lúgubre.

Tardaba Chinto en llegar; no se oía rumor alguno en el sendero, sino a lo lejos el sollozo del molino, y el frío y la impaciencia producían honda desazón en los conspiradores. Al principio habían reído y bromeado, celebrando la ocurrencia, que era, como ellos decían, «una pava» preciosa. Remedar una procesión de fantasmas, de almas del otro mundo, la fúnebre «compaña», encender el cabo de sebo y los haces de paja y desfilar así ante el medroso Chinto..., ¡para reventar de risa! Pero transcurría la vigilia; el rocío, lento y helado, impregnaba los huesos; y a lo lejos fanfarroneaba el cántico del gallo..., y ni señales de Chinto. Empezaban a deliberar si convendría retirarse, a tiempo que allá, de lo oscuro del bosque, salió un gemido, una queja sobrenatural. Otra queja más doliente, si cabe, respondió a la primera, y los cabellos de los conspiradores se erizaron al divisar dos blancos bultos que surgían de entre los castaños y avanzaban lentamente con sepulcral majestad. Los más, remangando el sabanón, echaron a correr; Mingos, el de Sentrove, cayó accidentado; Carlos Antelo se postró de rodillas y empezó a confesarse y pedir perdón de sus culpas; Santiago de Andrea fue el único que quiso arremeter contra los aparecidos; y lo hiciera si una pedrada certísima, dándole en mitad de la frente, no le tumba en el suelo, medio muerto de veras...

Sábese todo en las aldeas, y a vueltas de mil supersticiosas invenciones y cuentos de «trasnos» y brujas, se averiguó la verdad, y se solazaron en el molino a expensas de los burlados burladores. Porque era la avisada y traviesa Mariniña, y era Chinto, por ella prevenido y aleccionado, quienes, con el disfraz de fantasmas y con un buen fragmento de cuarzo de la carretera habían dispersado la hueste y santiguado al de Andrea, el más terco de los rondadores que a la molinera asediaba. La rabia, el despecho, la vergüenza inspiraron al mozo un ansia terrible de vengarse, y de vengarse donde todos lo viesen, a la faz de la parroquia. Resolvió, pues, la primera noche que en el molino estuviese reunida gente bastante para servir de testigos, desafiar a Chinto y sentarle la mano a bofetadas y coces, hasta desbaratarle.

A tiempo que con tan sañudos propósitos entraba en el molino Santiago (pocos días después de reyes), hallábanse Mariniña y su mozo ocupados en colocar un saco de harina, riendo tiernamente cuando sus dedos se tropezaban o sus rostros se aproximaban, en el calor de la tarea. Al punto conoció la molinera que el desdeñado y apedreado galán venía pendenciero, y con disimulada seña ordenó a Chinto que se apartase. La angustia y el temor de que pudiesen llegar los desquites a poner en riesgo la vida de Chinto, prestaron a Mariniña en aquel instante una rapidez de concepción y una energía de acción mayor aún de la acostumbrada. Encarándose con Santiago, y riendo y provocándole, le propuso loitar.

Esta costumbre de la lucha, que ya va desapareciendo, subsiste aún en algunas comarcas galaicas, resto quizá de un estado social belicoso en que la mujer combatía al lado del varón. Luchan todavía las mozas entre sí, y hasta desafían al mozo, degenerando entonces la batalla en deleitable juego. Pero desde el instante en que Santiago —cuya sangre ardía en tumultuosa ebullición— se arrodilló frente a Mariniña, también arrodillada, comprendió por instinto que aquella lucha no sería como otras; que iba de veras. Solo con ver el movimiento de la moza al arremangarse, el brillo de sus ojos orgullosos, la rigidez de su talle, la dura barra de su entrecejo, se adivinaba la loita seria, en que se trata de derrengar al contrario, empleando todo el vigor de los músculos y toda la resolución del alma.

Mientras Chinto, pálido y tembloroso, se acogía a un rincón, los adversarios se asían de las manos, poniendo en tensión el antebrazo y acercándose hasta mezclar el afanoso aliento. Mozos y mozas, en corro, se empujaban por ver mejor, apostaban y discutían. Santiago desplegaba plenamente su fuerza, al notar que Mariniña, por momentos, le dominaba el pulso. Rojo el semblante, sudoroso el cutis, pugnaba el rapaz, en tanto que la amazona, firme y recia, sostenía su empuje ganando terreno. Tenerla así, tan cerca turbaba a Santiago, quitándole el sentido; y ella, indiferente, atenta solo a vencer, aprovechaba el trastorno de su adversario, e insensiblemente se le imponía. Al fin giró en el vacío la muñeca derecha del varón; doblóse el brazo; el izquierdo también cedió al pujante impulso de la mujer..., y Santiago, dando el «pinche», fue lanzado hocico contra tierra, sujetándole la triunfante Mariniña que sin piedad, le hartaba de mojicones, le molía a puñadas en la nuca y en los lomos, le refregaba el rostro en el salvado y la harina que cubrían el piso, y no le permitía levantarse hasta que se confesaba rendido, vencido, dispuesto a aceptar la paz bajo cualquier condición que se le ofreciese.

Apenas se alzó Santiago, magullado, enharinado y con careta, Mariniña le sacó a la represa del molino, donde, mojando su delantal le lavó ella misma la cara. Y mimosa y dulce, como es siempre la gallega, por forzuda y briosa que la haya criado Dios, dijo a su enemigo derrotado:

—Por la madre que te ha parido no me has de espantar a Chinto, «pobriño», que el infeliz no sirve para hacer «barbaridás» como tú y más yo, y es un santo, sin mala intención, que con su sangre se pueden componer medicinas... Y si él es medroso, yo soy valiente, diaño... Y no he de casar más que con él, y si cae soldado, se vende el molino y se compra hombre... Si me tienes ley, Santiaguiño, con Chinto no te metas... ¿Palabra?

Suspiró el mozo, y acaso no sería porque le doliesen los arañazos ni los chichones, miró a Mariniña, toda roja aún de la lucha; le dio un cachete familiar, de cariño y resignación, y respondió lacónicamente, secándose con el pico del mandil que no se había humedecido en la represa:

—Palabra.

La Ilustración Artística, núm. 940, 1900

Aventura

La señora de Anstalt, mujer de un banquero opulentísimo, nerviosa y antojadiza, agonizaba de aburrimiento el domingo de Carnaval, después del almuerzo, a las dos de la tarde. ¡Qué horas de tedio iba a pasar! ¿En qué las emplearía? No tenía nada que hacer, y la idea de mandar que enganchasen para dar vueltas a la noria del eterno Recoletos, contestando a las insipideces o humoradas de los tres o cuatro muchachos de la crema que acostumbraban destrozar su landó tumbándose sobre la capota; la perspectiva del bolsón de raso pitado, lleno de caramelos y fondants; lo manido y trivial de la diversión, le hacía bostezar anticipadamente. ¿Se decidiría por la Casa de Campo o la Moncloa? ¡Qué melancolía, qué humedad palúdica, qué frío sutil de febrero, de ese que mete en los tuétamos el reuma! No, hasta abril la naturaleza es avinagrada y dura. «¡Lástima no ser muy devota! —pensó Clara Anstalt—, porque me refugiaría en una iglesia... «

Mujer que se aburre en toda regla, y no es devota, y es neurótica a ratos, está en peligro inminente de cometer la mayor extravagancia. Clara, de súbito, se incorporó, tocó el timbre, y la doncella se presentó; al oír la orden de su ama hizo un mohín de asombro; pero obedeció en el acto, sin preguntas ni objeciones de ninguna especie; salió y volvió al poco rato, trayendo en una cesta mucha ropa doblada.

—¿Está usted segura, Rita, de que es la librea nueva, la que no se ha estrenado aún?

—¡Señora! Como que ni la ha visto Feliciano: la trajo el sastre ayer noche; la recogí yo de mano del portero, y pensaba entregársela ahora...

—Que no sepa que ha venido. Deje usted esa cesta en mi tocador, y vaya usted a comprarme una cabeza entera de

cartón, la más fea y la más cómoda que se encuentre... Una que no me impida respirar... ¿El señor ha salido ya?
—Hace un tato.
—Pues todo en silencio, chitito..., ¿eh?
Regresó Rita prontamente, con sobrealiento; Clara se impacientaba, corría de aquí para allí y reía en alto, como los niños cuando se prometen una diversión loca, incalculable. Encerráronse en el tocador ama y criada, y ésta recogió a aquélla el sedoso pelo, y le calzó las botas de campaña del lacayito, después de vestirle el calzón de punto y la levita corta, y ceñirle el cinturón de cuero. Por último, afianzó en sus hombros la careta enorme.

Desfigurada así, con la vestimenta que se adaptaba perfectamente a sus formas gráciles, esbeltas y sin turgencias, parecía un señorito fino que por ocultarse mejor ha pedido prestada la librea del mozo de cuadra.

Clara brincó de júbilo. La asaltó la idea de si podrían maltratarla, y pensó llevar un arma; pero recordando una frase favorita de su marido: «No hay bala que alcance como un billete de mil», sacó de su secrétaire bastante dinero y lo echó en el fondo de un saco de brocatel, cubriendo la boca con una capa de confetis y escarchadas violetas. «Saldré por las habitaciones del señor al jardín. Traiga usted la llave y mire si anda alguno que me vea». Y ya en la verja, que caía a una calle solitaria, Clara, una vez más, se volvió hacia Rita aplicando el dedo a los labios de cartón, como si repitiese: «¡Silencio!»

Al verse en la calle, primero anduvo muy aprisa; después acortó el paso, saboreando su regocijo. ¡Verse libre, sola, ignorada, perdida entre la multitud, sin trabas ni convenciones sociales; dueña de ir a donde quisiese, de entretenerse en un espectáculo nuevo y original, el de la gente pobre, el populacho, en cuyo oleaje empezaba a sumergirse! En efecto; encontrábase Clara a la entrada de la calle de Génova, por donde descendían hacia el paseo de coches abigarrados grupos, una corriente no interrumpida de gentuza, que arrastraba pilluelos y mascarones desharrapados. Envueltas en la raída colcha y enarbolando la destrozada escoba o el pelado plumero; embutidos en la lustrina verde, colorada o negruzca de los diablos rabudos; ostentando la blusita del bebé o agitando a cada movimiento millones de tiras de papel de colorines chillones que de arriba abajo los cubrían, los mascarones pasaban alegres y bullangueros, charlando en falsete, requebrando a las chulas de complicado moño, literalmente oculto bajo una densa capa de confetti multicolores, que volaban en derredor a cada movimiento de la airosa cabeza. Algunas de aquellas mocitas de rompe y rasga, al pasar cerca de Clara, tomándola, como era natural, por un lacayito atildado y mono, la provocaban, la requebraban con pullas picantes. Clara se reía; no recordaba haberse divertido tanto desde hacía muchísimo tiempo.

La animación del Carnaval callejero se le subía a la cabeza, como se sube el mosto ordinario, pero fresco y vivo, de una fiesta popular. Encontraba el día hermoso, la vida buena, y un aire de primavera, al través de los agujeros de la máscara, acariciaba su boca y sus ojos. «Si lo saben y me despellejan» —pensaba—, «peor para ellos. Yo habré pasado una tarde encantadora. Ahora me acerco al paseo y me entretengo en insultar a todos mis amiguitos y amiguitas... ¡Valientes infelices!... Allí estarán aguantando jaquecas y comiendo pato...» Cuando discurría así, una vocecilla aguda resonó a sus pies, y unas manos débiles y tenaces se agarraron a sus botas.

—Oye, tú..., dame una limosna, por amor de Dios, que tengo mucha hambre.

Clara bajó la vista. Cien veces había oído el mismo sonsonete, y una moneda de cobre bastaba para desembarazarla del mendiguillo. Éste se me pega como una garrapata —pensó—. No tiene ganas de soltarme». Sacó del bolsillo del levitín una peseta y se la presentó al niño. Esperaba una expresión de júbilo, frases truhanescas y desenfadadas, de esas que saben decir los pordioserines del arroyo...

Con gran asombro vio que el chico, al tomar la peseta, cogía aprisa la mano del supuesto lacayo y la besaba humilde. Una especie de vergüenza y de pena desconocida hasta entonces penetró en el alma de la opulenta señora de Anstalt. ¡No había pensado nunca que con una peseta —cantidad para ella sin valor apreciable, como para otros el céntimo— se podía hacer brotar un chorro de agradecimiento tan ardoroso y tan espontáneo! Bajó los ojos trabajosamente con el estorbo de la cabeza de cartón, y, tomando al chico en brazos, le alzó en vilo.

—Pequeño, ¿de quién eres hijo? A ver.
—De nadie —contestó el pilluelo.
—¿Cómo es eso? ¿De nadie? ¿No tienes padre?
—No lo sé..., no lo conozco.
—¿Y madre?
—Sá muerto hace ocho días de una enfermedad muy mala.
—¿Y tú?
—A mí... querían llevarme al asilo; pero me escapé, y ando así por la calle. De noche me meto en el rincón de una puerta... De día pido limosna.

Clara reflexionó un momento. Después dejó en el suelo al chico, y le acarició la cabeza con la mano.

—Te quieres venir a una casa donde te darán de comer y dormirás en cama buena y caliente?

El chiquillo, al pronto, no respondió. Precoz instinto de independencia absoluta se alzaba sin duda en su espíritu, y las ventajas materiales del ofrecimiento no le tentaban; sin duda, su endeble pescuezo advertía la molestia del yugo, y sus manos descarnadas, vivo testimonio de la miseria fisiológica de un organismo sometido a las privaciones, se rebelaban contra los grillos y las esposas que pretendían ponerle en nombre del bienestar... Mientras dudaba y se sentía inclinado a escaparse corriendo, a fin de que no le llevasen a ningún lugar que tuviese techo y paredes, la mano de Clara, despojada del rudo guante, suave, femenil, halagaba el pelo enmarañado y golpeaba amorosa las escuálidas mejillas del granuja... Y este, magnetizado de pronto, exclamó:

—Vamos, vamos a esa casa..., ¡si estás tú en ella!

A la efusión el chico respondió inmediatamente, como un chispazo eléctrico al contacto de los alambres, el impulso ardoroso, irresistible, maternal, de la señora, que volvió a coger en brazos al pequeño, y no pudiendo besarle, le apretó contra su corazón.

—Sí, hijo mío... Estaré... ¡Verás cómo he de quererte!

....

Para que la resolución de Clara sea más meritoria, el mundo la ha calumniado, suponiendo que la criatura que recogió y que tan cariñosamente cuida y educa es un hijo hurtado, un contrabando doméstico. ¿Qué le importa a Clara? Ya no bosteza de tedio ninguna tarde del año.

Blanco y Negro, núm. 406, 1899.

El oficio de difuntos

—¿Creé usted —me preguntó el catedrático de Medicina— en algún presagio? ¿Cabe en su alma superstición?

Cuando me lo dijo, nos encontrábamos sentados, tomando el fresco, a la puerta de la bodega. La frondosa parra que entolda una de las fachadas del pazo rojeaba ya, encendida por el otoño. Parte de sus festoneadas hojas alfombraba el suelo, vistiendo de púrpura la tierra seca, resquebrajada por el calor asfixiante del mediodía. Los viñadores, llamados «carretones», entraban y salían, soltando al pie del lugar su carga de uvas, vaciando el hondo cestón del cual salía una cascada de racimos color violeta, de gordos y apretados granos.

¡Famosa cosecha! Yo veía ya el vino que de allí iba a salir, el mejor, el más estimado del Borde... Y medio distraída, respondí:

—¿Presagios? No... A no ser que... ¡Ah! Sí; un hecho le contaría...

—¿Algo que le haya «sucedido» a usted?

—¿A mí?... No. Se me figura (no me pregunte usted la causa de esta figuración) que a mí «no puede» sucederme nada. Y efectivamente, en toda mi vida...

—Entonces, permítame que no haga caso de los cuentos que traen personas impresionables..., o embusteras.

—No es cuento —afirmé, olvidándome ya de la interesante faena de la vendimia que presenciaba, y retrocediendo con el pensamiento a tiempos juveniles—. Es un caso que presencié. Así que usted lo oiga, comprenderá cómo no hubo farsa ni mentira. La explicación... no la alcanzo. En estas materias, ni soy crédula y medrosa, ni escéptica a puño cerrado. ¡Qué quiere usted! Vivimos envueltos en el misterio. Misterio es el nacer, misterio el vivir, misterio el morir, y el mundo, ¡un misterio muy grande! Caminamos entre sombras, y el guía que llevamos..., es un guía ciego: la fe. Porque la ciencia es admirable, pero limitada. Y acaso nunca penetrará en el fondo de las cosas.

Sacudió el catedrático su cabeza encanecida, sonrió y apoyando la barba en la cayada del bastón, se dispuso a escucharme —y a pulverizarme después porque suponía que iba a referirle algún sueño—. Los artistas no somos de fiar: vivimos esclavizados por la imaginación y cumpliendo sus antojos.

—¿Ha conocido usted a Ramoniña, Novoa? —principié yo.

—¿Que si la he conocido? Me llamaron a consulta el año pasado, cuando la operaron en Compostela, de un sarcoma en el pecho izquierdo. Por señas que desaprobé la operación, que sirvió para adelantar la muerte algunos días. Allí solo cabía dejar marchar las cosas a su desenlace inevitable.

—Pues sepa usted que Ramoniña, en sus mocedades, fue la chica más alegre y bailadora de todo el Borde. Su padre, don Ramón Novoa de Vindome, tenía el prurito de divertirla; la vestía muy maja; no le negaba capricho alguno. Adoraba en ella, porque era vivo retrato de su difunta mujer, a quien había profesado una especie de devoción y culto.

No se concebía función ni feria sin que Ramoniña Novoa se presentase a lucir su mantón de flores —era la moda—, su traje de seda con volantes, su mantilla de casco. Los señoritos del Borde la obsequiaban mucho, y ella coqueteaba con unos y con otros, sin decidirse ni acabar de escoger, según deseaba don Ramón, que, al estilo antiguo y patriarcal, rabiaba por un nieto.

Creían los antiguos que cuando quiere castigarnos Dios, realiza nuestros deseos insensatos. De improviso, Ramoniña, dejándose de coqueteos y bromas se enamoró hasta los tuétanos, ¿y de quién? De un pobrete estudiante, hijo de un cirujano romancista y sobrino del cura de Cebre, un perdido gracioso, que hacía versos y tocaba la pandereta con las rodillas y los codos. ¡Valiente boda para la mayorazga de Novoa de Vindome, del solar de Fajardo! El padre, inquieto al principio, furioso después, hizo la oposición a rajatabla y no perdonó medio de quitarle a Ramoniña de la cabeza semejante locura. La encerró en casa; la llevó a Auriabella; rogó; avisó; amenazó; puso en juego a los frailes, al confesor, a los parientes, a las amigas, al señor obispo... En vano. La cosa estaba adelantada ya; la libertad del campo y la falta de sospecha en los primeros tiempos habían estrechado el lazo y arraigado la pasión en el alma de la señorita..., y una noche se escapó con el estudiantillo, dejando a su padre en la mayor aflicción y vergüenza.

—Hemos concluido. Que se casen —decidió el señor Novoa—. Le entregaré la dote de su madre a mi hija..., y que no vuelva yo jamás a oír nombrarla ni a verla delante de mí.

Ya sabe usted lo que suele suceder. El panal de miel robada, al principio es dulce, pero acaba en hieles. El estudiante no varió de condición al casarse; con la dote de la esposa creyó poder darse vida cómoda y alegre, y no miró lo que gastaba, creyendo que, al acabarse, el señor de Novoa remediaría. Más éste fue inflexible, y cerró la puerta y la bolsa.

Los esposos se habían ido a vivir a Auriabella, y Ramoniña, triste y preocupada por más de un motivo —se decía que el marido tocaba la pandereta en sus carnes y la zurraba de firme—, escribió al padre carta sobre carta, sin obtener respuesta. Había nacido un chiquitín —aquel heredero tan deseado—, y cuando la criatura tuvo tres años y Ramoniña tres mil desengaños, vino a verme, para rogarme que la acompañase en la expedición que pensaba emprender al pazo de Vindome, con propósito de echarse a los pies de don Ramón, presentarle la criatura y lograr el abrazo de reconciliación y paz. «Si no veo a papá —decía—, creo que me muero».

—No vaya usted —aconsejé a Romoniña—. No la recibirá don Ramón. Mire usted que le he hablado poco hace, y está firme en que no ha de cruzar con usted palabra en este mundo. «Solo en la hora de la muerte la perdonaría...» son sus palabras. Y la hora de la muerte anda lejos. El señor de Novoa parece un mozo: está fuerte, come bien, sale a cazar, no le duele nada; hasta parece que piensa en volver a casarse. Dice que se ha propuesto tener un hijo varón. Sesenta años mejor llevados, no los hay en todo el Borde.

Ramoniña me miró con expresión de honda ansiedad, de infinita angustia, e insistió en que deseaba «probar la suerte». Como la vi tan afligida, tan consumida por las penas, no supe negarme, y dispusimos la marcha.

Salimos de Auriabella a la una de la tarde, en uno de los días más largos del año; el veinte de junio. Íbamos a caballo, porque no existe carretera entre Auriabella y el pazo de Vindome. Nuestras cabalgaduras, unos jacuchos del país, trotaban duro; delante, un criado llevaba al arzón al niño; detrás, nosotras dos y un espolique; Ramoniña encaramada en el albardón, no sin miedo, porque ya se encontraba algo adelantado su segundo embarazo. El camino... ¿Usted bien conoce el camino de Auriabella a Vindome? Hasta el alto de las Taboadas, regular; pero en llegando a la iglesia de Martiños, un puro derrumbadero. Se la va a uno la cabeza si mira hacia el valle, allá en el fondo; y se marea si contempla las revueltas de un sendero estrechísimo. Es hermoso pero imponente.

Por eso, sin duda, según llegábamos a donde se divisa ya el campanario de Martiños, gritó Ramoniña que quería bajarse y andar a pie el trecho que faltaba hasta el pazo. Accedí a sus deseos, natural en su estado y situación de ánimo, y dejando a las monturas adelantarse con el espolique, nos quedamos algo rezagadas, andando despacio. El Sol se ponía, y allá, en el valle, empezaba a condensarse la niebla. A aquel paso, llegaríamos a Vindome al anochecer. Ramoniña me preguntaba afanosa:

—¿Cree usted que mi padre no me dejará dormir siquiera en casa esta noche?

Se me han fijado, como si los estuviese presenciando ahora, los detalles de aquel suceso. Llegábamos junto a un pinar que se llama de las Moiras, y como se había levantado brisa, me puse el abrigo que llevaba al brazo. En esto se alzó la voz de Ramoniña, exclamando con acento de profundo terror:

—¡Jesús! ¡Jesús! ¿Oye usted? ¿Oye usted? ¡Jesús, María!

—¿Qué he de oír?

—Ahí... A la parte de Martiños... En la iglesia...

—Pero ¿qué? —repetí alarmada; tal era el espanto que la voz de mi compañera revelaba.

—¡El Oficio de difuntos! ¡Lo están cantando! ¡Lo están cantando!

Atendí a pesar mío. No se escuchaba sino el largo y quejoso murmurio de la brisa de la tarde en las copas de los pinos, y el trote, ya distante de nuestras cabalgaduras. Así se lo dije a Ramoniña, riéndome. Pero ella, abrazándose a mí, ocultando la cara en mi pecho, temblando, deshecha en sollozos, repetía:

—¡Es el Oficio de difuntos! ¡Si se oye perfectamente!... Son muchas voces... ¡Lo cantan! ¡Lo cantan!... ¡Jesús!

Hice una pausa, y el catedrático me interrumpió:

—Bien, ¿y qué? Una alucinación del oído. En estado de embarazo es lo más frecuente...

—Sí —objeté yo—; pero sepa usted que, cuando llegamos al pazo de Vindome, nos encontramos con que don Ramón acababa de morir súbitamente, de apoplejía; que su cuerpo estaba caliente aún; que ni aquel día ni los anteriores se había cantado el Oficio de difuntos en la iglesia de Martiños; y que Ramoniña lo oyó distintamente desde el pinar de las Moiras; ¿ve usted?, hacia allí...

El Imparcial, 11 marzo 1901.

«Juan Trigo»

El héroe de mi cuento nació..., no es posible saber dónde; lo único que dice Clío, musa de la Historia, es que cierta tarde del mes de julio apareció recostado sobre las amapolas, desnudito como un gusano, al margen de un trigal, en el tiempo de la siega. Por poco más le dejan en mitad del sendero, donde le aplastasen al pasar los inmensos carros cargados de rubia mies.

Vieron los segadores y segadoras a la criatura dormida en su santa inocencia, y la recogieron con ternura, bromeando entre sí, poniendo al nene el nombre de «Juan Trigo» y asegurándole una suerte loca, como de quien empieza su vida entre la misma abundancia.

Sin dilación pareció cumplirse el vaticinio. No había en la aldea —¡rarísima casualidad!— ninguna mujer que estuviese criando; pero la esposa del señor marqués, dueño del campo de trigo y de otros muchísimos, y de la más hermosa quinta en seis leguas a la redonda, acababa precisamente de dar a luz una niña muerta, y se temía por la madre si no desahogaba la leche agolpada en su seno. El médico aconsejó que la noble dama criase al niño abandonado, y éste encontró así, desde el primer instante, sustento, regalo y amor. Le envolvieron en finos pañales, le trataron a cuerpo de rey y creció hermoso y fuerte, rebosando viveza y alegría. La marquesa le cobró tierno afecto, más que de nodriza, de madre, y como no se creía que aquellos señores pudiesen ya tener sucesión, todos presumían que «Juan Trigo» iba a ser el heredero de su caudal y nombre. A deshora, corridos más de diez años, la naturaleza sorprendió al marqués con otra niña y a la marquesa con la muerte, causada por el difícil y trasnochado lance; y aunque Juan, como muchacho, no comprendió del todo lo que perdía, lo sintió y adivinó, y se le vio muchos meses extrañamente abatido y triste.

No obstante, su situación, al aparecer, no había cambiado. O en memoria de su esposa o por verdadero cariño, el marqués seguía tratándole como antes: hasta le demostraba preferencia, con tal extremo, que empezó a divulgarse la conseja de que Juan era verdadero hijo del marqués, fruto de secretos amoríos, y que le correspondería «hoy o mañana» una buena parte de la herencia. Confirmó tal suposición el ver que Juan fue enviado a un aristocrático y famoso colegio inglés, donde cursó estudios más brillantes que útiles, y del cual volvió a los veintitrés años hecho un cumplido gentleman. Acogióle la sociedad con halagos y sonrisas, aunque a sus espaldas se comentase lo ambiguo de su posición; y como era gallardo y simpático y tenía hasta el prestigio de la leyenda y del misterio, las señoras le recibieron con sumo agrado, demostrando claramente que la presencia de Juan no les infundía horror ni cosa que lo valga. En aquella ocasión, si Juan hubiese tenido afición a las flores, sin gran esfuerzo reúne un lindo ramillete de rosas, pensamientos y «no me olvides», cuyo aroma seguiría aspirando con la memoria en la edad madura; pero Juan estaba enamorado —enamorado callada y tenazmente— de la hija del marqués, Dolores, en quien reconocía las facciones de la que le había servido de madre: niña de sorprendente hermosura, que, según la frase del Libro Santo, había robado el corazón de Juan con solo el crujir de sus zapatitos; unos zapatos de fino charol, prolongados y lustrosos sobre la transparente media de seda. Crujir que Juan reconocía entre los mil ruidos de la creación, lo mismo que reconocía las cascaditas de su reír juvenil, el roce de su falda corta, el perfume tenue de su flotante melena y el «¡rissch!» de su abaniquillo al abrirlo la impaciente mano.

Creyó Juan que no se le conocía el loco deseo; pero las chiquillas son, en esto, linces, y Dolores notó que la querían, y no solo lo notó, sino que mostró tal inclinación a Juan, que éste, vencido, confesó de plano. La niña, más inexperta, más vehemente, más ignorante de las terribles consecuencias de un mal paso, arregló entonces la escapatoria, combinando y facilitando las cosas de tal manera que, dado el escándalo, el padre no tuviese más arbitrio que otorgar su consentimiento.

Se urdió el complot sin que nadie sospechase palabra; mas la víspera del día señalado, Juan, descolorido y trémulo, se echó a los pies del marqués, y le reveló la trama. Como todo el que quiere de veras, prefería su propia desventura al daño ajeno; anteponía al egoísmo de su pasión el honor y la felicidad de Dolores. Así pagaba el pobre expósito su deuda a la casa donde le acogieron y ampararon; así reconocía, al través de la tumba, los cuidados maternales recibidos de la señora a quien no podía olvidar. Al consumar el sacrificio, su alma sangraba; y cuando el marqués, alabando mucho su honrada sinceridad, le tomó, por primera providencia, el billete para Londres, Juan, en vez de salir hacia el tren, cayó en la cama, donde le postró una fiebre ardentísima.

Hizo el marqués que le cuidasen; puso entre tanto a Dolores en un convento de monjas, graves y buenas guardianas; y ya en franca convalecencia Juan, para mayor cautela —porque todas las precauciones son pocas, y quien una vez tropieza expuesto está a caer—, solicitó para el mozo un puesto lejos, lejos..., lo más lejos posible. Y se lo concedieron en Ultramar, y tan pingüe, que a ser Juan de otra condición a la vuelta de pocos años tendría hecha la suerte. Hasta el codo se podía meter la mano en aquella bendita prebenda administrativa, y es de creer que, al otorgársela, se contaba con que la aprovechase; porque el padre de Dolores, que, a pesar de las hablillas, no tenía con Juan más parentesco que el puramente moral de haberle protegido, sentía cierto remordimiento al desampararle, y encomendaba a la generosidad de nuestro presupuesto el porvenir del mozo, sin darse cuenta de que éste, a falta de claro abolengo, poseía enérgica honradez. Lo único que trajo Juan de ultramar, a la vuelta de cuatro años, fueron unos mezquinos ahorros, que gastó en intentar la curación de un padecimiento hepático; y como el marqués había fallecido y estaba casada Dolores, se encontró Juan, al empezar a bajar la árida cuesta de la edad madura, solo y pobre como cuando le recogieron en el trigal.

Entonces, sin explicarse la razón, sintió un deseo inexplicable de volver a ver el sitio y la quinta donde había pasado una niñez relativamente tan dichosa. Llegó a aquellos lugares por la tarde, a pie, apoyado en un bastón grueso; lo primero que hizo fue dar la vuelta a la tapia de la quinta, evocando mil recuerdos que surgían en tropel al aspecto de cada árbol y ante la figura de cada piedra. Su corazón latió de pronto con ímpetu; en el vetusto mirador, enramado de rosales, suspendido sobre el camino, acababa de ver a una señora y dos niños; ella, haciendo labor, los chicos, observando con curiosidad al pasajero encorvado y triste, de amarillento rostro. La señora, avisada por los chicos, levantó la cabeza y fijó en Juan la ojeada inerte que se concede al desconocido. Juan huyó; los ojos de Dolores, mirándole de aquel modo, le cortaban el alma. No paró hasta llegar a un campo de trigo, a la sazón maduro, salpicado de amapolas, como cuentas de coral sobre una trenza rubia. Los segadores, cantando alegremente, habían iniciado su faena, y los haces se amontonaban ya en un ángulo de la heredad; pero acercábase la puesta del Sol, y pronto se retirarían a sus casuchas. Juan se aproximó a una mujer y preguntó con ansia:

—¿Es en este campo donde hace muchos años recogieron a un niño?

—Allí, señor —respondió la mujer con esa complacencia solícita de los aldeanos, soltando su hoz y levantándose para preceder a Juan y enseñarle el camino. Como unos diez minutos habrían andado, cuando la segadora se paró e hirió con el pie la orilla del sendero, pronunciando:

—Aquí mismo. Estaba en pelota, como le parieron. Mire si lo sabré bien, que yo era entonces moza y fui la primera que cogió al rapaz en brazos. Y mi hermano que le vio así, entre la abundancia, le puso «Juan Trigo». Nos daba mucha lástima, ¡ángel de Dios!... Las que andábamos segando le queríamos mantener con leche de vaca, y yo quería llevarle para donde mí; pero le cayó una suerte muy grande; la señora marquesa le recogió y le criaba ella y le tuvo en una hartura muy grandísima. Ahora será un caballero.

Juan calló. La amargura se desbordaba en su alma. Pensaba que podría haber sido el prohijado de aquella aldeana, vivir con ella, ayudarla a segar la mies, no conocer otros afanes ni otros deseos. Dejándose caer al suelo, en el mismo sitio donde le habían encontrado pegó la faz a la tierra, y sus lágrimas la empaparon lentamente.

El Imparcial, 2 agosto 1897.

El camafeo

Mientras corrió su primera juventud, Antón Carranza se creyó nacido y predestinado para el arte. El arte le atraía como el acero al imán, y le fascinaba como el espejuelo a la alondra. Donde sus ojos encontraban una línea elegante, una forma bella, un tono de color intenso y original, allí se quedaban cautivos en éxtasis de admiración, mientras luchaba en su alma noble pena de no haber sido el creador de aquella hermosura, y una ilusión arrogante de llegar a producirla mayor, más original y poderosa por medio del estudio y el trabajo.

Años y desengaños necesitó para adquirir el triste convencimiento de que carecía de inspiración, de genio artístico. Sus tentativas fueron reiteradas, insistentes, infructuosas. Crispáronse en vano sus dedos alrededor del pincel, de la gubia, del palillo, del buril, del barro húmedo. Si no podía ser pintor ni escultor, a lo menos quería descollar como adornista, como grabador, como tallista; por último, desesperanzado ya, intentó resucitar los primores de orfebrería de Benvenuto Cellini; y si bien por cuenta propia no hizo nada digno de eterno olor, con la joyería, su vocación artística desalentada se convirtió en provechosa especulación industrial; se asoció a un joyero de fama, montó el taller a gran altura y se dedicó a negociar, escondiendo la incurable herida de su ardiente aspiración y sus mil fracasos.

El joyero que recibió de socio a Antón Carranza tenía una hija, cuyo enlace con el artista fue la base de la nueva razón social. Luisa, la esposa de Carranza, no era bonita, ni aun agraciada: la desfiguraba su tez amarillenta, sus facciones angulosas y una cojera muy visible. Carranza, con todo, aceptó el trato sin repugnancia alguna; su futura le inspiraba, a falta de sentimientos más vehementes, simpatía y cariño. Como suele suceder a los hombres excesivamente poseídos de la fiebre artística, desconocía Carranza otras pasiones; la mujer era para él una necesidad momentánea, y el matrimonio una prudente garantía de paz y de afecto. Casóse, pues, satisfecho y tranquilo, y se condujo como marido bueno y leal.

Rico y en situación de satisfacer sus caprichos, Carranza rebuscó y adquirió preciosidades; ya que no acertaba a modelar estatuas, las hizo desenterrar en Nápoles y Grecia, y pudo colocar en su despacho-taller un lindo Fauno, una curiosa Belona policromada, encanto de los arqueólogos, y varios fragmentos de mérito e interés.

Conocida su afición, presentáronle los vendedores medallas de revelado cuño y piedras grabadas, y entre varios ejemplares que no rebasaban del límite de lo usual y corriente, la lúcida ojeada del artista malogrado descubrió un camafeo griego, que, desde luego, reconoció y diputó por pieza única tal vez en el mundo. Ni el famoso, contemporáneo de Alejandro, que representa a Psiquis y el Amor; ni la Venus marina, de Glicón; ni la celebre sardónica de la galería Farnesio, podían eclipsar a aquel sencillo camafeo, que solo ostentaba una cabeza de mujer o, mejor dicho, de diosa. La ignorancia relativa del traficante cedió la divinidad por un precio irrisorio, atendida la importancia del camafeo, y Antón Carranza, dueño del inestimable tesoro, lo guardó con transporte en una caja de malaquita y pedrería, de donde lo sacaba mañana, tarde y noche para contemplarlo a su sabor.

¡Qué sobriedad y pureza de líneas, qué misteriosa vida respiraba aquella cabeza! Cuatro rasgos; unos planos que apenas se indican; unas superpuestas capas de ágata que se matizan insensiblemente..., y una obra maestra, digna de conservar un nombre al través de los siglos; una obra que fija y encarna la idea de una beldad sublime. ¿Por qué no había acertado jamás él, Antón Carranza, a concebir nada que se asemejase a aquel camafeo prodigioso? Una obra así bastaría para hacerle feliz toda la vida, colmando su anhelo y realizando su destino...; ¡y nunca, nunca de sus dedos torpes y su estéril fantasía había de brotar algo que se pareciese al camafeo!

Su entusiasmo por la piedra adquirió carácter extraño y enfermizo. Con fijeza más propia de la perturbación mental que de la cordura, pasábase Carranza horas enteras mirando el portento y tratando de explicarse qué secreta fuerza, qué rayo luminoso llevaba en sí el desconocido que hacía tantos siglos produjo aquel milagro. Quizá ni él mismo sospechó el valor de la huella genial que imprimió en la dura ágata su diestra paciente y firme. Quizá alguna joven de Mitilene o de Samos lució en el anular o colgó a su garganta el camafeo sin conocer que poseía una riqueza ideal. Ni los que lo habían desenterrado y vendido ahora, en el siglo presente, comprendieron lo que tenían entre manos. El primer verdadero poseedor de la joya era Antón Carranza... Y en arrebato nervioso de desordenada pasión, Carranza pegaba los labios al camafeo, lo estrechaba contra su pecho, queriendo incrustarlo en él, adherirlo a su carne...

Notó por fin Luisa y notaron todos los de la casa, dependientes y amigos, clientes y responsables, alarmantes síntomas en Antonio; y los que le veían de cerca se asustaron de su afición a la soledad, su hábito ya adquirido de encerrarse a deshora, su silencio en la mesa, y le tuvieron por maniático, opinando que los intereses comerciales de la sociedad peligraban en su poder. Era para Luisa doblemente triste que se hubiese anublado la razón de su esposo, ahora que, cumplidos sus más dulces deseos, se sentía encinta y soñaba en el momento inefable de estrechar a la criatura que esperaba. Consultado al médico acerca del estado de Carranza, y habiéndole observado despacio, con persistencia y disimulo, su fallo fue terrible: tratábase de un caso de monomanía tenaz, acompañada de graves desórdenes en las funciones del hígado y del corazón; y para salvar la razón y acaso la vida del enfermo era preciso encerrarle sin tardanza en una casa de salud, sujetándole a un método riguroso.

No hubo más remedio que acceder, y Carranza, una mañanita, fue conducido al triste asilo, donde, separado de los que le amaban, iba a verse abandonado del mundo... Con peregrina indiferencia se dejó llevar el maniático; tenía consigo el camafeo, y nada más necesitaba para ser dichoso en la región de sus delirios. Luisa iba a verle con frecuencia, pero se interrumpieron sus visitas cuando llegó el esperado trance; el nacimiento de una niña puso su existencia en peligro, dejándola semiparalítica y sujeta a ataques dolorosos, y transcurrió largo tiempo sin que pudiese ver al pobre recluso. Decía el médico que Carranza mejoraba y pronto saldría de su encierro; pero corrían meses y años y no llegaba el momento feliz.

Luisa, que amaba a su marido tiernamente, no tenía otro consuelo sino ver crecer a su hija, y envanecerse de su sorprendente hermosura. La niña, en efecto, era una perla. No se parecía a su madre ni a su padre; ni el mínimo rasgo de sus facciones recordaba a los que le habían dado el ser. Las líneas de su rostro, puras y correctísimas, desesperarían a un escultor por su incopiable elegancia y delicadeza y los rizos que se agrupaban sobre su frente y caían sobre su cuello torneado tenían una colocación graciosa y noble, como solo la obtiene el arte.

Un día, Luisa, sintiéndose algo aliviada, se metió en un coche con su hija, se apeó a la puerta del asilo. Al penetrar en la habitación que ocupaba su esposo, al mirarle, exhaló un grito de terror y pena: pálido, demacrado, con la mirada fija, Carranza contemplaba un objeto, y de esta contemplación nada podía distraerle, era el camafeo..., y siempre el camafeo. Luisa comprendió con espanto que el enfermo no la reconocía, y herida en el alma, guiada por su instinto de madre, presentó, elevó a la niña en alto. Carranza dejó caer sobre ella una mirada indiferente... De súbito, sus ojos se animaron, brillaron, recobraron la luz de la inteligencia y del amor; sus brazos se abrieron, sus dedos soltaron el camafeo mágico y fatal; sus lágrimas brotaron, y, como el que se despierta, corrió hacia su mujer y su hija... ¡Acababa de advertir que la faz de la niña era la misma faz de la diosa grabada en la piedra dura..., y comprendía que, sin saberlo, había prestado ser y realidad, carne y hueso, a la belleza soberana!

Voz de la sangre

Si hubo matrimonios felices, pocos tanto como el de Sabino y Leonarda. Conformes en gustos, edad y hacienda; de alegre humor y rebosando salud, lo único que les faltaba —al decir de la gente, que anda siempre ocupadísima en perfeccionar la dicha ajena, mientras labra la desdicha propia— era un hijo. Es de advertir que los cónyuges no echaban de menos la sucesión pensando con buen juicio que, cuando Dios no se la otorgaba, Él sabría por qué. Ni una sola vez había tenido Leonarda que enjugar esas lágrimas furtivas de rabia y humillación que arrancan a las esposas ciertos reproches de los esposos.

Un día alteró la tranquilidad de Leonarda y Sabino la llegada intempestiva de la única hermana de Leonarda, que vivía en ciudad distante, al cuidado de una tía ya muy anciana, señora de severos principios religiosos. Venía la joven pálida, desfigurada, llorosa y triste, y apenas descansó del viaje, se encerró con sus hermanos, y la entrevista duró una hora larga.

A los tres o cuatro días salieron juntos la señorita y el matrimonio a pasar una temporada en la casa de campo de Sabino, posesión solitaria y amenísima. Nadie extrañó esta resolución porque a fines de abril la tal quinta es un oasis, y más explicable pareció todavía la excursión de recreo que en septiembre emprendieron los consortes, los cuales no regresaron de Francia y de Inglaterra hasta el año siguiente. Lo que se comentó bastante fue que al volver trajesen consigo una niña preciosa, con la cual se volvía loca Leonarda, que aseguraba haberla dado a luz en París. Como nunca faltan maliciosos, alguien encontró a la nena excesivamente desarrollada para la edad de cuatro meses que le atribuían sus padres; hubo chismes, murmuraciones, cuentas por los dedos, sonrisitas y hasta indagaciones y «tole tole» furioso. Pero corrió el tiempo, ejerciendo su oficio de aplicar el bálsamo de olvido bienhechor; la hermana de Leonarda se sepultó en un convento de Carmelitas; el retoño creció; los esposos le manifestaron cada día más amor paternal..., y las hablillas, cansadas de sí propias, se durmieron en brazos de la indiferencia.

La verdad es que cualquiera se enorgullecería de tener una hija como Aurora; este nombre pusieron Leonarda y Sabino a su vástago. Nunca se justificaron mejor las preocupaciones del vulgo respecto a las criaturas cuyo nacimiento rodean circunstancias misteriosas, dramas de amor y de honor. Una belleza singular, excesivamente delicada, tal vez; una inteligencia, una dulzura, una discreción que asombraban; suma habilidad, exquisito gusto, y sobre todo esto, que es concreto y puede expresarse con palabras, algo que no se define: el «ángel», el encanto, el don de atraer y de embelesar, de llevar consigo la animación, creando como dijo Byron de Haydea, «una atmósfera de vida»; esto poseía Aurora, y no es milagro que Sabino y Leonarda estuviesen literalmente chochitos con ella.

Pagábales la criatura en la mejor moneda del mundo. Su amor filial tenía caracteres de pasión, y solía decir Aurora que no pensaba casarse nunca, no por no abandonar a sus padres —que sería imposible ni pensar en ello—, sino por no tener que repartir con nadie el ardiente cariño que les consagraba. Los que oían de tan rosada y linda boca estas paradojas e hipérboles del afecto, envidiaban a Leonarda y Sabino la hija hurtada.

Habían pasado años sin que Aurora aceptase los homenajes de ningún pretendiente, cuando apareció cierta mañana en casa de Sabino un caballero que podemos calificar de gallo con espolones, pero apuesto, elegante; con trazas de adinerado, aspecto muy simpático y ese aire de dominio peculiar de los hombres que han ocupado altos puestos o conseguido grandes triunfos de amor propio, viviendo siempre lisonjeados y felices. Solicitó el caballero hablar a solas con Sabino y Leonarda; pero como hubiesen salido, rogó se le permitiese ver un instante a la señorita Aurora. La muchacha le recibió en la sala, sin turbarse, y le dio conversación un rato, ruborizándose cuando el desconocido le dirigió alabanzas en las cuales se revelaba profundo, vivo y secreto interés. La entrevista duró poco; llegaron los padres de Aurora, y con ellos se encerró el galán, cuyas primeras palabras fueron para decir, inclinándose hasta el suelo, que allí tenían un gran culpable —al seductor de su hermana y padre de Aurora— dispuesto a reparar en lo posible sus yerros y delitos, recogiendo a la niña y ofreciéndole amparo, fortuna y nombre.

Sabino meditó algunos instantes antes de responder, luego cruzó con Leonarda una mirada expresiva, y volviéndose al recién llegado, pronunció serenamente:

—Queremos a Aurora bastante más que si la hubiésemos engendrado, es nuestro único hechizo, la alegría de nuestra vejez, que ya se acerca; pero le aseguro a usted que la dejaremos libre. Si ella quiere, con usted se irá. Si ella no quiere, prométanos que la niña se quedará con nosotros para toda la vida y usted no pensará en reclamarla. Y para que vea usted que no influimos en su determinación escóndase detrás de ese cortinaje y oirá cómo la interrogamos y lo que responde.

Accedió el caballero y se ocultó. De allí a pocos instantes entraba Aurora, y Sabino le dirigió el siguiente interrogatorio:

—¿Qué te ha parecido ese señor que vino a hablarnos?

—¿Digo la verdad, papá, como de costumbre? ¿La verdad enterita?

—¡Ya se sabe que sí!

—¡Pues me ha parecido muy bien! Me ha parecido la persona más…, más agradable… que he visto en mi vida, papá.

—¿Tanto como eso?

—Sí por cierto. Me ha fascinado… ¿No me mandas que hable con franqueza?

—¿Le preferirías a nosotros? Sigue siendo franca.

Es distinto lo que siento por vosotros, Él me gusta… de otra manera.

—¿Vivirías contenta con él?

—¡Mira, papá…, puede que sí!

—Piénsalo bien, niña.

—No hay que pensarlo. Es un sentimiento, y lo que de veras se siente no se piensa. Nunca he sentido así. Yo también he de preguntar; qué ¿este señor…, os ha pedido mi mano?

—¡Tu mano! ¡Tu mano! ¡No se trata de eso! —gritó con espanto Leonarda.

—¿Pues…, entonces? No entiendo —murmuró Aurora afligida.

—¡Figúrate… es una suposición…, que ese señor fuese… tu padre! ¡Tu verdadero padre!

—¿Mi padre? ¡Eso sí que no puedo figurármelo! ¡Como padre, ni le he mirado…, ni podría mirarle nunca! Ya os he dicho que es distinto; ¡que a vosotros os quiero de otro modo!

—Vete, hija mía —murmuró Sabino confuso y consternado, creyendo oír detrás de la cortina un gemido triste. Y así que se retiró Aurora, obediente, cabizbaja y muda, el desconocido salió, mostrando un rostro color de cera y unos ojos alocados.

—No les molesto a ustedes más —murmuró en ronco acento—. Ya sé cuál es mi castigo. Procuré estudiar el modo de inspirar cierta clase de sentimientos... y los inspiro con una facilidad que ha llegado a infundirme tedio y horror. Midas todo lo convertía en oro... yo todo lo convierto en pecado. El cariño puro, el sagrado cariño de padre, veo que no lo mereceré nunca. Borren ustedes mi recuerdo de la imaginación de Aurora, ¡y que no sepa jamás mi nombre, ni lo que realmente soy para ella!

—Tal vez —indicó la compasiva Leonarda— el atractivo que ejerce usted sobre esa criatura, tan indiferente con los demás, sea la voz de la sangre.

—Si es voz de la sangre, es voz que maldice —respondió el tenorio saludando respetuosamente y saliendo abrumado por el dolor.

El Imparcial, 29 julio 1895.

Libros a la carta

A la carta es un servicio especializado para
empresas,
librerías,
bibliotecas,
editoriales
y centros de enseñanza;
y permite confeccionar libros que, por su formato y concepción, sirven a los propósitos más específicos de estas instituciones.

Las empresas nos encargan ediciones personalizadas para marketing editorial o para regalos institucionales. Y los interesados solicitan, a título personal, ediciones antiguas, o no disponibles en el mercado; y las acompañan con notas y comentarios críticos.

Las ediciones tienen como apoyo un libro de estilo con todo tipo de referencias sobre los criterios de tratamiento tipográfico aplicados a nuestros libros que puede ser consultado en Linkgua-ediciones.com.

Linkgua edita por encargo diferentes versiones de una misma obra con distintos tratamientos ortotipográficos (actualizaciones de carácter divulgativo de un clásico, o versiones estrictamente fieles a la edición original de referencia).

Este servicio de ediciones a la carta le permitirá, si usted se dedica a la enseñanza, tener una forma de hacer pública su interpretación de un texto y, sobre una versión digitalizada «base», usted podrá introducir interpretaciones del texto fuente. Es un tópico que los profesores denuncien en clase los desmanes de una edición, o vayan comentando errores de interpretación de un texto y esta es una solución útil a esa necesidad del mundo académico.

Asimismo publicamos de manera sistemática, en un mismo catálogo, tesis doctorales y actas de congresos académicos, que son distribuidas a través de nuestra Web.

El servicio de «Libros a la carta» funciona de dos formas.

1. Tenemos un fondo de libros digitalizados que usted puede personalizar en tiradas de al menos cinco ejemplares. Estas personalizaciones pueden ser de todo tipo: añadir notas de clase para uso de un grupo de estudiantes, introducir logos corporativos para uso con fines de marketing empresarial, etc. etc.

2. Buscamos libros descatalogados de otras editoriales y los reeditamos en tiradas cortas a petición de un cliente.

www.ingramcontent.com/pod-product-compliance
Lightning Source LLC
Chambersburg PA
CBHW020835160426
43192CB00007B/659